大学生心理健康教育：理论与实践

杨　惠　著

华中科技大学出版社
中国·武汉

图书在版编目(CIP)数据

大学生心理健康教育:理论与实践/杨惠著.—武汉:华中科技大学出版社,2022.3
ISBN 978-7-5680-7603-6

Ⅰ.①大…　Ⅱ.①杨…　Ⅲ.①大学生-心理健康-健康教育-研究　Ⅳ.①G444

中国版本图书馆CIP数据核字(2021)第207287号

大学生心理健康教育:理论与实践
Daxuesheng Xinli Jiankang Jiaoyu:Lilun yu Shijian

杨　惠　著

策划编辑:汪　粲
责任编辑:朱建丽
封面设计:原色设计
责任校对:阮　敏
责任监印:周治超
出版发行:华中科技大学出版社(中国·武汉)　电话:(027)81321913
武汉市东湖新技术开发区华工科技园　邮编:430223
录　排:武汉市洪山区佳年华文印部
印　刷:武汉科源印刷设计有限公司
开　本:710mm×1000mm　1/16
印　张:9.5
字　数:169千字
版　次:2022年3月第1版第1次印刷
定　价:58.00元

前　言

目前正处在一个凝聚正能量、实现中国梦的进步时代，但随着思想观念多样、学习节奏加快、环境适应困难、自我意识淡薄、人际关系复杂、就业形势严峻、人才竞争激烈等一系列问题的出现，作为国家建设发展的后备力量，大学生面临的压力是巨大的，对自身的心理健康也产生了很大的影响。大学生心理素质方面存在的种种问题，一方面与他们自身所处的心理发展阶段有关，另一方面与他们所处的社会环境分不开。从我国高校的普遍情况来看，大学生的心理健康状况仍存在各方面问题，特别是近年来由于心理问题导致大学生休学、退学、犯罪甚至自杀的事件增多，大学生的心理健康问题已引起学校、家庭及社会的普遍关注。

党的十八大以来，以习近平同志为核心的党中央高度重视心理健康问题，明确提出加强心理健康服务。新的发展阶段，我们要大力加强心理健康服务，不断提升国民心理健康素养，培育自尊自信、理性平和、积极向上的社会心态，助力实现“两个一百年”奋斗目标和中华民族伟大复兴的中国梦。为深入学习贯彻习近平新时代中国特色社会主义思想和党的十九大精神，推动全国高校思想政治工作会议精神落地生根，切实加强高校思想政治工作体系建设，进一步提升心理育人质量，根据原国家卫生计生委、教育部等 22 部门联合印发的《关于加强心理健康服务的指导意见》和中共教育部党组《高校思想政治工作质量提升工程实施纲要》的工作要求，特制定《高等学校学生心理健康教育指导纲要》。为了进一步提高学生心理健康工作针对性和有效性，切实加强专业支撑和科学管理，着力提升学生心理健康素养，2021 年教育部办公厅发布了《关于加强学生心理健康管理工作的通知》。为了贯彻落实党和国家的教育方针，高校心理健康教育从一个自发、个别的助人方式发展成为一个有组织、系统化的教育工作，经历了多年的发展历程，成为高校德育和人才培养体系的重要组成部分。

本书围绕大学生心理健康教育的理论和实践展开，全面认识心理健康教育的重大意义，深入把握研究内容，内容丰富详实，论述具有一定的延展性，具体包含五方面的内容。第一章为大学生心理健康教育研究,主要对心理健康与大学生心理健康、大学生心理健康教育的界定、大学生心理健康教育内容与途径及大学生心理健康教育的原则与发展趋势进行阐述分析。第二章为新时代高校提升心理育人质量研究,首先归纳了高校心理育人的内涵与特点,其次论述新时代高校提升心理育人质量的对策。第三章为大学生心理健康教育实施与探究,主要内容包括大学生心理健康教育实施的具体内容和大学生心理健康教育实施的重要技术方法两个方面。第四章为积极心理学视角下的高校心理育人途径研究,首先阐述积极心理学的产生与研究,其次对构建大学生心理健康教育的积极模式做出具体的阐释。第五章为大学生心理健康教育方法与技术实践,包括大学生心理健康教育方法与实践、大学生心理健康教育课程开展与实践两个方面。

本书在编写过程中,借鉴、引用了一些专家、学者的学术观点与研究成果,在此表示最诚挚的谢意。由于作者水平有限,书中难免存在不当之处,恳请广大读者谅解并指正。本书部分内容为湖北工程学院新技术学院教学研究项目(2021JY07)研究成果。

作者

2021 年 10 月

目　录

第一章　大学生心理健康教育研究

心理健康教育是高校学生工作中至关重要、不可忽视的部分，也是缓解学生心理压力、促进学生身心健康发展、落实高校心理健康教育的重要途径和有效手段。本章对大学生心理健康教育进行研究。

第一节　心理健康与大学生心理健康

一、心理健康

（一）心理健康的含义

古今中外的心理学家进行了长期的艰苦探索，对心理健康的含义给予了不同的表述。

精神病学家孟尼格尔(Karl Menninger)认为，心理健康是指人们对环境及相互之间具有最高效率及快乐的适应情况。心理健康者应能保持稳定的情绪、敏锐的观察力、适于社会环境的行为和愉快的心态。

心理学家英格里希(H. B. English)指出，心理健康是指一种持续的心理状态，当事者在该状态下能做出良好的适应，具有生命的活力，而且能充分发挥其身心的潜能，这才是一种积极的状态，不仅仅是免于心理疾病。

人格心理学家奥尔波特(G. W. Allport) 认为，健康的人并不被潜意识所控制和支配，健康的个体是在理性的和有意识的水平上活动，指引这些活动的力量是完全能够意识到的，并且也是可以控制的。健康的心理是摆脱了过去的压抑，心理健康的人是被当前的及指向未来的紧张和期望所指引的。

美国精神科医师门宁格(Karl Menninger)认为,心理健康是指人对环境及相互间具有最高效率及快乐的适应情况。不仅要有效率,也不只是要有满足感,或是愉快地接受生活的规范,而是需要二者兼备。心理健康的人应能保持正常的情绪,敏锐的智能,适于社会的行为和愉快的气质。

而荣格(C. G. Juong) 认为,理想的心理健康是有意识地指挥和引导潜意识的力量。同时社会工作者波姆(W. W. Bohm)指出,心理健康是合乎一定水准的社会行为:一方面能为社会所接受,另一方面能为自身带来快乐。

1946 年第三届国际心理卫生大会指出,心理健康是指在身体、智能及情感,在与他人的心理健康不相矛盾的范围内,将个人心境发展成为最佳的状态。

世界卫生组织(WHO)2001 年指出,心理健康是一种情感和社会的幸福感,个体能意识到自己的能力,能应对生活中正常的紧张,能创造性地或卓有成效地工作,能对自己和自己所生活的社会做出贡献。

我国学者刘华山认为,心理健康应是指一种持续的心理状态,在这种状态下,个人具有生命的活力、积极的内心体验、良好的社会适应,能够有效地发挥个人的身心潜力与积极的社会功能。

我国学者林传鼎认为,心理健康是心理障碍的反义词,其包括两个含义:一是心理健康状态,个体处于这种状态时,不仅自我情况良好,而且与社会契合和谐;一是维持心理健康、减少行为问题和精神疾病的原则和措施。

我国学者江光荣认为,心理健康的人应是一个适应与发展良好的人,是一个心理机能健全的人。心理健康的人在与环境的互动中,其心理活动过程能够有效地反映现实,解决面临的问题,达到对环境的良好适应并且指向更高水平的发展。

我们发现,不同学者由于研究的方向不同,对心理健康的理解也并不相同,存在一些差异,但是观点都还是有一些共同之处的。大致来说,涵盖了以下两个方面。

首先,心理健康是指良好的心理状态,是个体内外协调统一的良好状态。个体认知正常、情绪稳定、情感协调、意志健全,即良好的内部状态。而内部状态的积极表现则是良好的外部状态,体现在对日常的生活、学习、工作、人际和社会环境能良好地适应,能处理与解决自身碰到的问题,并积极地向更高的水平发展,能发挥自身的潜能。

其次,心理健康也指人的心理机能正常发挥。从心理学的角度来看,人的心理由认知、情绪、行为三大机能组成。其中认知机能正常是指个体能够有效地进行知觉、想象、思考等活动，从而保证个体能客观认识自己、他人、世界及其相互关系，从而保证自己对客观现实进行正确认知。情绪机能正常是指个体情绪体验不缺失，该欢喜就欢喜，该生气就生气，同时根据个体状态，能有效地调节自身情绪。行为机能正常是指个体能够做出合适的行为，从而有效地适应环境，发展自身。

（二）心理健康的标准

1. 国内外的心理健康标准

判断一个人是否心理健康，是大学生心理健康研究中一个十分重要的研究，其核心依据则是心理健康的标准。由此导致心理健康的标准一直受到人们关注，许多专家对此都有过研究和论述。关于心理健康及其标准众说纷纭，但所站角度不同，各有所侧重。现列举代表性的观点供大家参考。

(1) 美国著名的心理学家马斯洛(Abraham H. Maslow)和米特尔曼(James H. Mittelman)在20世纪50年代初提出了心理健康的10条标准：

① 具有适度的安全感；

② 具有适度的自我评价；

③ 具有适度的自发性与感应性；

④ 与现实环境保持良好的接触；

⑤ 能保持人格的完整与和谐；

⑥ 善于从经验中学习；

⑦ 在团体中能保持良好的人际关系；

⑧ 有切合实际的生活目标；

⑨ 适度的接受个人的需要；

⑩ 在不违背团体的原则下能保持自己的个性。

(2) 美国心理学家奥尔伯特(Gordon W. Allport)提出了心理健康的6条标准：

① 力争自我的成长；

② 能客观地看待自己；

③ 人生观的统一；

④ 与他人建立和睦关系的能力；

⑤ 人生所需的能力、知识和技能的获得；

⑥ 具有同情心，对生命充满友爱。

(3) 奥地利医师、心理学家弗洛伊德(Sigmund Freud)将心理健康归结为爱与工作的能力,他列出了心理健康的人所具有的一些共同特点:

① 保持理智与平衡;

② 具有自我价值感;

③ 具有爱的能力;

④ 具有建立和维持亲密关系的能力;

⑤ 能接受现实中的各种可能性和局限性;

⑥ 对工作的追求与自己的天资和教育背景相适应;

⑦ 能体验到某种内在的宁静与满足感,感到此生没有虚度。

(4) 美国心理学家库姆斯(Arthur W. Combs)认为,一个心理健康、人格健全的人应有4种特质:

① 积极的自我观念;

② 恰当地认同他人;

③ 面对和接受现实;

④ 主观经验丰富,可供取用。

(5) 1946年第三届国际心理卫生大会曾把心理健康的标准拟定为:

① 身体、智力、情绪十分协调;

② 适应环境,人际关系中能彼此谦让;

③ 有幸福感;

④ 在工作和生活中,能充分发挥自己的能力,过有效率的生活。

(6) 我国台湾学者黄坚厚提出了心理健康的4条标准:

① 乐于工作;

② 能与他人建立和谐关系;

③ 对自身具有适当的了解;

④ 和现实环境有良好的接触。

(7) 我国学者王登峰和张伯源提出了心理健康的8条标准:

① 了解自我,悦纳自我;

② 接受他人,善与人处;

③ 正视现实,接受现实;

④ 热爱生活,乐于工作;

⑤ 能协调与控制情绪,心境良好;

⑥ 人格完整和谐；

⑦ 智力正常，智商在80分以上；

⑧ 心理行为符合年龄特征。

(8) 我国学者江光荣认为，心理健康的人应是一个适应与发展良好的人，是一个心理机能健全的人。心理健康的人在与环境的互动中，其心理活动过程能够有效地反映现实，解决面临的问题，达到对环境的良好适应并且指向更高水平的发展。心理健康的人具有以下特征：

① 客观的自我认识和积极的自我态度；

② 客观的社会知觉和建立适宜的人际关系的能力；

③ 生活的热情和有效解决问题的能力；

④ 人格结构具有协调性。

2. 运用心理健康标准的注意事项

以上列举的关于心理健康的标准，中外学者提出了众多的观点，至今还没有一个完全统一的标准，因此，我们在理解和运用心理健康的标准时，应注意科学认识以下几点。

(1) 一个人是否心理健康与一个人是否有不健康的心理和行为并非完全是一回事。判断一个人的心理健康状况，不能简单地根据一时一事下结论。心理健康是较长一段时间内持续的心理状态，一个人偶尔出现一些不健康的心理和行为，并非意味着这个人心理不健康(或心理变态)。

(2) 人的心理健康水平可以分为不同的等级，是一个从健康到不健康的连续状态，从健康状态到不健康状态之间有一个较长的过渡阶段。一般来说，心理正常与异常并无确定的界线，只是程度的差异而已。

(3) 心理健康状态并非是固定不变的，而是一个动态的变化过程。既可能从不健康状态转变到健康状态，也可能从健康状态转变为不健康状态。随着人的成长、经验的积累、环境的改变，心理健康状况也会有所变化。由于心理健康不是一种静止不变的状态，故心理是否健康只能反映一个人某一段时间内的固定状态，并不是他一生的状态。

(4) 心理健康的标准无论是哪种表述，都是一种理想的尺度。它不仅为我们提供了衡量是否健康的标准，而且为我们指明了提高心理健康水平的努力方向。

(5) 个体心理健康的基本标准是能够有效地进行工作、学习和生活。如果正常的工作、学习和生活难以维持和保证，就应该引起注意，及时调整自己的状态。

二、大学生心理健康概述

(一) 大学生心理发展特点

青年期是一个人朝气蓬勃走向独立生活的时期,是一个人开始决定自己生活道路的时期。处在青年期的大学生的心理状态迅速成熟但还未真正成熟,在他们心理活动的各个方面都有明显的体现,并形成了有别于一般青年心理发展的基本特点。

1. 自我意识增强但"自我统和"能力差

自我意识是指人对自身的认识及对周围事物关系的各种体验,它是认识、情感、意志的综合体,是人心理发展过程中一个极为重要的方面。自我意识的发展与年龄有关,而且与人的知识水平有关。大学时代是人真正自我认识的时期。青年大学生随着对外界认识的不断提高,生活经验的不断丰富,开始关注自己的内部世界,迫切要求了解自己和发展自己,出现了主我与客我、理想自我与现实自我的分化,力图从理想与现实的关系中把握自己、认识自己,以追求自我完善。虽然大学生的自我意识明显增强,但由于他们生活阅历有限,与现实社会有一定的距离,社会实践能力不强,造成了他们的自我意识在自我认知、自我体验等方面出现偏差。在自我认知方面表现为过强的自尊心和自卑感;在自我体验方面表现为过度的自我接受和自我拒绝。"自我统和"是青年心理发展的必经历程,顺利完成"自我统和"是青年期发展的关键。如何建立对自我的正确认识,是青年期大学生常遇到的心理问题。

2. 抽象思维迅速发展但缺乏成熟的理性思考

由于大脑机能的不断增强,生活空间的不断扩大,社会实践活动的不断增多,大学生的认知能力获得了长足的发展。这个时期他们的感觉和知觉灵敏度、记忆力、思维能力增强,逻辑抽象思维能力逐步占主导地位,通过分析、综合、抽象、概括、推理、判断来反映事物的关系和内在联系,并能从一般的逻辑思维向辩证思维过渡,更多地利用理性思维,而且思维的独立性、批判性、创造性都有显著提高。但他们抽象思维的水平并没有达到完全成熟的程度,思维品质发展不平衡,思维的广泛性、深刻性、敏感性发展较慢,尤其在运用唯物辩证法观点和理论联系实际观点看问题时显得理性不足,他们往往把问题看得过于简单而陷入主观片面和"想当然”的境地，这就难免出现“连当代最伟大的政治家都认为是非常棘手的问题，在大学生看来却易如反掌”的情况。

3. 情感日益丰富但易偏激

青年心理学之父霍尔(G. S. Hall)认为，青年期最主要的心理特点是动摇、起伏，出现一些非常显著的相互对立的冲动，他称之为“狂风暴雨的时期”。大学生正值青年期，丰富多彩的大学生活，使其情感日趋复杂，情感表现具有强烈跌宕、不协调的特色，因而大学时代是体验人生情感最强烈的时代。这种强烈情感的内容随着知识经验的增多、生活空间的扩大、业余生活的丰富、自我意识的增强而日臻多姿多彩。大学生富有理想、兴趣广泛、关心时政、激情澎湃，总之他们的情感日渐丰富且迅速向深度、广度发展。但由于大学生对社会的复杂性、自己欲望行为的合理性缺乏足够的正确认识，加之他们风华正茂、精力旺盛、自尊感强烈而敏锐，又比较“较真”，情绪容易产生较大的波动甚至表现为两极性，所以他们常常成为情感的俘虏。

4. 交往欲望强而心理闭锁

对处于青年期的大学生而言，人际交往是其自我意识成熟的重要途径，人际关系直接影响其适应能力和发展状况。大学时代是个体成长的重要时代，也是个体自身容易出现矛盾的时代，如既渴望友情又害怕受挫。学生在大学期间需要发展亲密关系来满足情感上的需要。然而，许多大学生对人际关系的追求往往带有较浓的理想色彩，以友谊的理想模式为标准来衡量生活中的人际关系，导致高期望值与高挫折感并存。

由于相当多的学生存在着多方位的逆反心态，缺乏与同学的基本合作精神和宽容精神，缺乏人际间必要的信任和理解，加之交往方式欠妥、交往能力有限和人格缺陷等原因，容易导致其交往失败。长期的交往失败，使一些大学生把交往看成是一种负担，渐渐地造成心理上的闭锁，长此以往就会滋生一种难以名状的孤独感。大学生的这种状态与随着生活空间的扩大而出现的强烈的交往需要便构成了一对难以调和的矛盾。

5. 性意识发展但易导致性心理失衡

所谓性意识，一般指对性的理解、体验和态度。到了青年期，大学生的身体发育几近成人，尤其是性机能的成熟促使大学生性意识的觉醒，产生对异性的爱慕且有建立亲密关系的需求。与此相适应的感情欲望也逐渐增强，他们渴望与异性交往,追求美好的爱情。大学的学习、生活环境客观上为他们的交往提供了更多的机会和更多的自由。这一时期的男女交往极其敏感、容易冲动,常表现为激情。但会出现诸如性认知的偏差、性欲困扰、性焦虑等一系列的心理问题,影响大学生正常的学习和生活。

因此,应特别注意将性科学知识教育和伦理道德教育结合起来,帮助大学生对自己的性生活及其背后的看法、态度、价值观进行思考。从大学生的心理特点可以看出,大学生正处于迅速走向成熟,但又未达到真正成熟的阶段。这种情况既存在积极的一面,又存在消极的一面,因而在心理发展中,就难免出现许多矛盾和冲突,诸如独立性与依赖性的矛盾、强烈的求知欲与识别能力低的矛盾、情感与理智的矛盾、理想与现实的矛盾等。但是,大学生正是在学会理性面对问题,提高解决困难的能力,合理应对冲突的成长中逐步成熟起来的。

(二)大学生心理健康标准

根据大学生的心理特征、对大学生特定的社会角色的要求及心理健康学的基本理论,大学生心理健康的标准可以概括为以下八条[①]。

1. 能保持对学习有浓厚的兴趣和求知欲望

学习是大学生活的主要内容,心理健康的学生会珍惜学习机会,求知欲望强烈。能克服学习中的困难,使学习成绩稳定:能够保持一定的学习效率,并从学习中体验到满足与快乐。

2. 能协调和控制情绪,保持良好的心境

积极乐观的情绪和良好的心境是心理健康的重要标志。心理健康的大学生心胸开阔、从容乐观、热爱生活、乐于进取,虽然也有悲、忧、哀、愁等消极体验,但积极情绪总是多于消极情绪,具有理智感、责任感、幽默感,善于调节和控制自己的情绪,急而不躁,喜而不狂,忧而不绝,胜而不骄,败而不馁,持续稳定地保持愉快、满意、开朗的心境。无论是处于顺境还是逆境,都能随遇而安,积极寻找事业的乐趣,发现生活的光明面。

3. 意志健全,能经受住各种挫折和磨炼

心理健康的大学生,学习、生活有明确的目标和追求,敢想、敢说、敢干,勇于开

---

① 本资料参考丁成忠编写的《大学生体质与健康指导教程》。

拓进取，在意志行动中有主见、有恒心，专心致志，遇到外界干扰和诱惑不为所动。经常的盲目性和软、懒、散状态，都是意志不健全的表现。

4. 人际关系和谐，乐于交往

人际关系状况最能体现和反映人的心理健康状况。心理健康的大学生热爱生活、乐于交友、善于与人相处；既能容人之短，也能容人之长，能正确处理互助和竞争的关系；能与他人同心协力合作共事，乐于助人，有较强的同情心和道德责任感，因而能被他人和集体所悦纳和认同。相反，疑心重重、妒贤嫉能、尖酸刻薄、自私自利、孤芳自赏，均是心理不健康的表现。

5. 正确的自我意识

正确的自我意识是心理健康的重要条件。心理健康的大学生都能以客观的态度去认识、评价自己和周围的世界，既不是自视清高、妄自尊大，也不是自轻自贱、妄自菲薄，而是在行动上自律，评价上自省，心态上自控，情感上自悦。他们认识到理想自我与现实自我的差距，并保持基本满意的态度。他们善于从客观环境中吸取有价值的信息以充实自己、完善自己，并恰当地进行自我评价和自我调节，有效地控制自己的行为。

6. 适度的行为反应

适度的行为反应是指个体对外界环境和事物的反应既不过敏，也不迟钝。在人生命发展的不同年龄阶段都有相应的心理行为表现，从而形成不同年龄阶段独特的心理行为模式。心理健康的大学生有正常的行为反映，在认识、情感、言行、举止等方面都符合他所处的年龄段的要求，他们充满青春活力、朝气蓬勃、勤学好问，能创造性地处理问题。过于老成、过于幼稚、过于依赖他人都不是心理健康的表现。

7. 完整统一的人格品质

人格是指人的整体精神面貌。人格完整是指人格构成要素的气质、能力、性格、理想、信念和人生观等各方面平衡发展，有一定的连贯性和稳定性。心理健康的大学生所思、所说、所做是协同一致的，具有积极进取的人生观，能把自己的需要、愿望、目标和行为统一起来，无双重人格，不为私欲背弃信念和良心，不阳奉阴违、口是心非。

8. 积极的社会适应力

心理健康的大学生，能和社会保持良好的接触，对社会现状有较清晰的认识，思想、信念、目标和行为能跟上时代发展的步伐,与社会要求相符合,为社会所接纳。一旦发现自己的愿望和需要与社会的希望和需要发生矛盾、冲突时,能迅速调整自己对现实的期望和态度,以谋求与社会的协调一致;而不是逃避现实,或与之背道而驰。

(三) 大学生常见的心理健康问题

1. 学业问题

进入大学,随着环境的改变,许多大学生出现学业问题。有些中学教师把大学描绘成一个"人间天堂",学生也将考大学作为唯一和最终的目标来激励自己。但跨入大学校园后,发现事实并非如此,一部分学生发觉身处高手如云的新集体,昔日那种"鹤立鸡群"的优越感荡然无存,失落感油然而生;另有一部分学生表现出对专业学习的困惑。与中学相比,大学学习更具有自主性、灵活性和探索性。有些学生感觉突然从中学的严格管教中"松绑",但又不知如何安排学习,以致心中忧郁、焦虑,学习压力大。于是许多大学生出现学习动力不足、学习目的不明确、学习动机功利化、学习成绩不理想、学习困难等学业问题。

2. 情绪问题

1) 抑郁

以个体心中持久的情绪低落为主,常伴有身体不适、睡眠不足等,心情压抑、沮丧、无精打采,懒于参加任何活动。

2) 情绪失衡

大学生的社会情感丰富而强烈,具有一定的不稳定性与内敛性,表现为情绪波动大。

3. 人际关系问题

1) 人际关系不适

进入大学,远离熟悉的生活与学习环境,面对新的人际群体,部分大学生显得很不适应。

2) 社交不良

部分大学生缺乏在公众场合表达自己思想的能力与勇气,面对各种各样的活动,充满了兴趣,却又担心失败,只是羡慕而积极参与的大学生不多,久而久之,开始回避参与,感叹"外面的世界很精彩,外面的世界很无奈"。

3）个体心灵闭锁

学生从走出高中校门到进入大学校门，缺乏人际交往经验，而自身在人际交往中的不自信又不利于增加自身的人际魅力，妨碍了良好的人际交往圈的形成。与此同时，由于个体间的正常交往不够，又易引发猜疑、妒忌等，不利于学生的健康成长。

4. 情感问题

爱情、友情、亲情是学生情感方面的三个重要问题，即爱情的困扰、友情的缺失、亲情的疏离。

5. 性心理问题

处于青年中期的大学生，性发育成熟是其重要特征，所以恋爱与性导致的心理问题是不可避免的。常见的心理问题包括单相思、恋爱受挫、恋爱与学业关系的问题、情感破裂的报复心理等。而性心理问题常见的有：手淫困扰，以及由婚前性行为等问题引起的恐惧、焦虑、担忧等。

6. 特殊群体学生的心理健康问题

特殊群体的学生主要包含以下几类：

（1）家庭贫困，经济负担重、深感自卑的学生；

（2）身体患有严重疾病、个人很痛苦、治疗周期长的学生；

（3）患有严重心理疾病，如患有抑郁症、恐怖症、强迫症、焦虑症、精神分裂症、情感性精神病等疾病的学生；

（4）遭遇突发应激事件而出现心理或行为异常的学生，如家庭发生重大变故、遭遇性危机、受到意外刺激的学生。

特殊群体的学生与普通学生相比，个体背景情况更复杂，更容易有自卑而敏感的个性，因而导致人际交往困难、异常的问题行为、心理矛盾冲突的状况。尤其是多类特征重合出现的特殊群体学生，如本人患有心理疾病但是家庭经济条件又很困难，这样学生心理压力很重，心理健康状态堪忧。

7. 大学生活适应问题

（1）生活能力弱、自理能力弱的情况普遍存在。

（2）大学生对挫折的心理承受力弱。

8. 就业问题

陈旧的就业观念，使得大学生对未来感到惶惑。目前，相当一部分大学生在就业上存在以下问题。

1) 好高骛远,不切实际

有的大学生眼高手低,既没有较强的能力,也没有艰苦奋斗的精神,却一味期望找到薪水高、待遇好的职位。

2) 求稳怕变,贪图安逸

不了解与自己个性能力相匹配的职业领域,对面试缺乏自信;过于追求平稳的生活,害怕竞争,缺乏走向社会的心理准备。

第二节 大学生心理健康教育的界定

一、大学生心理健康教育

现代意义上的心理健康教育,在我国始于20世纪80年代,至今不过40余年的历史。多年来,我国高校心理健康教育工作在曲折中发展,也取得了一定成效。20世纪80年代中期,心理咨询这一新生事物在高校出现,引来众多学子的参与,并激起大学生高涨的热情。而如今,一方面是广大学生对心理健康教育与服务的需求日益强烈,另一方面是部分学校心理咨询机构的冷冷清清。这与心理健康教育定位不准有着很大的关系。安徽师范大学姚本先教授也撰文指出了现实心理健康教育实践中普遍存在的几种消极倾向,其中“德育化”“医学化”“课程化”等倾向是对心理健康教育定位不准的具体分析。

在日常教育中,“以心理健康教育的名义进行事实上的传统德育工作的人比比皆是”。人们试图以心理健康教育取代德育的观点和做法也并不鲜见。因此,全面提高对心理健康教育的正确认识,对于推进心理健康教育学科建设,增强心理健康教育工作的规范性、科学性和实效性,有着重要意义。

对于心理健康教育的概念,山东师范大学张承芬教授认为:心理健康教育广义地说,就是开展维护和增进人的心理健康的教育活动,帮助和鼓励人们树立增进心理健康的愿望,知道如何达到这样的目的,从而采取有益于健康的行为,并学会在必要时知道如何寻求适当的帮助,以达到保护和增进心理健康的目的。高校的心理健康教育,是指教育按照规定的心理健康要求,通过对学生进行心理卫生知识和技能的教育,培养学生良好的心理品质与健全的个性,从而增强其面对未来可能受到的心理冲击的适应力，促进其心理健康的发展。这是开发大学生心理潜能，以完善和提高新一代合格公民健康心理素质为目的的教育过程。大学生心理健康教育，要使学生树立心理健康意识，增强其维护心理健康的自觉性；要使学生丰富心理卫生知识，提高他们自我心理保健能力；要使学生养成良好的心理卫生习惯，形成优良的心理品质。同时，应创造有利于大学生心理健康发展的良好环境，充分重视大学生的主体地位，发挥其自身调节作用，全面提高心理健康水平。

二、大学生心理健康教育的目标

大学生心理健康教育的目标是：普及心理健康知识，增强大学生的自我心理调适能力，帮助大学生解决身心发展过程中的心理问题，提高大学生的心理健康水平和综合素质，促进大学生健康成长，全面发展。心理健康教育必须以优化大学生心理素质为起点，以促进大学生的全面主动发展和顺利社会化为归宿。概括起来可以归纳为以下三个目标。

（一）初级目标——心理健康维护，应对心理疾病

大学生心理健康教育的初级目标是防治心理疾病，维护心理健康是它的特色，也是实现其他目标的基础。当代大学生正处在变革的社会背景之下，又处在人生发展的过渡时期，当他们面临的冲突过大，持续时间过长又得不到外界帮助时，就可能引发一系列生理和心理的反应，严重的会导致各种心理疾病，甚至引起自杀或伤害他人。心理健康教育能及时发现心理问题，并采取相应干预措施，对不良心理现象和行为予以矫正和治疗。

（二）中级目标——完善心理调节

大学生心理健康教育的中级目标是指导学生深化对自己、他人和社会的了解，掌握自我调节的方法，优化心理素质，提高挫折承受力，增进社会适应能力，进而促进学生整体素质的全面发展。即通过性格品质的优化，提高德育的有效性；通过心理能力的强化，促进智育的高效化；通过健康心态的培养，促进健康的全面化；通过内在动力的激发，促进自我发展的主动化；通过行为习惯的优化，促进个体的顺利社会化。当代大学生在学习、交友、恋爱、择业等一系列生活事件中常会遇到挫折，由此而产生心理困扰。由于很多大学生的心理发展尚未成熟，自我调节能力尚不

完善,挫折引发的情绪波动常常十分强烈,从而影响大学生的正常生活和健康成长。因此,大学生心理健康教育的中级目标显得尤为重要。

(三)最终目标——促进心理发展

大学生心理健康教育的最终目标是健全个体、适应社会,开发学生的各种潜能,促进心理发展。同时,保持对客观社会积极、主动地适应,实现个性化与社会化的和谐与统一。当代大学生由于自身存在的某些弱点和局限,常常会影响他们的适应与发展,阻碍其潜力的发挥。大学生心理健康教育的最终目标就是帮助大学生认清自己的能力,保持良好的心态和健康的生活方式,全面而充分地发展自己,完善人格。

三、大学生心理健康教育的意义

大学生正处在人生发展的重要阶段,面临着学习、交友、恋爱、就业、成长等种种问题,他们渴望成才,追求卓越。良好的心理素质是成才的基础,拥有健康的身心是他们成人、成才、成功的重要保证。而心理健康教育是培养大学生良好心理素质的有效方式,所以,要进一步加强对大学生进行心理健康教育重要意义的认识。

心理健康教育作为一种制度化的育人活动,其特定的工作范围为心理领域。心理健康教育只有把“育心”作为自己的立足点,才能得到学生和社会的认可。这一结论得到了有关实证研究的支撑。据黄希庭、郑涌等学者的调查,大学生对心理健康教育的主观评价呈现如下特征。

从心理健康教育中收益最大的是丰富了心理健康知识(95%)、了解心理素质的重要性(94%)、提高挫折承受能力(90%)、正确认识自己和他人(90%)、学会情绪调节(88%)和增进人际交往(85%)等。人的心理健康状态从有严重的心理疾病和心理障碍,到心理的亚健康、健康,呈现出一种连续的过渡状态,可分为多个层次。高校心理健康教育就是要把大学生的心理健康水平不断地由较低层次推向较高层次。由此,我们可以把心理健康教育的基本功能划分为三个不同的层次,即初级功能——预防心理疾病,缓解心理压力;中级功能——优化心理品质,提高调节能力;高级功能——充分开发潜能,促进人格完善。通过科学的心理健康教育,可以改善和优化大学生的认知结构,使他们正确认识自己的情绪和情感,学会情绪调整的方法，保持积极乐观的心态，提高大学生自我认识、自我管理、自我教育的能力。高校心理健康教育是改造人的主观世界的工作，无论是哪种具体的心理健康教育方式，其作用过程都发生在教育对象的心理领域；无论是何种模式的心理健康教育，都是要重建或改善教育对象的精神生活。这样，高校心理健康教育就不可避免地对学生的人生观、世界观和价值观产生影响。因此，引导学生树立正确的人生观、世界观和价值观，促进学生良好思想道德素质的形成，是心理健康教育的重要职责。

同时，加强大学生心理健康教育工作，还有利于解决大学生心理发展过程中的矛盾。

第一，有利于解决大学生闭锁性心理与交往需要之间的矛盾。由于大学生的社会知觉和情绪体验更多地与他人、自己的内心世界相关，在分析他人的活动时，更多地着眼于思想、情感和个性品质，并借助于对他人的分析来认识自己的心理品质，从而意识到自己的思想、情感与他人的区别。大学生自己具有了特殊的、不同于他人的各种生活体验，这种思想和情感体验，又不能轻易地向不了解自己的人透露，而且思想情感越成熟，自尊心越强，就越来越感到自己的心理特点与他人存在差异，使大学生自己感到没有知心人可以谈心或倾吐真情，而把自己的内心感受隐藏起来，以致产生孤独感，因而产生了闭锁性心理。

但是，他们又迫切期望与人交往，希望得到他人的帮助或与同龄的知心朋友交流思想、感受，分享意愿和理想。于是，这就形成了一对矛盾。针对这一矛盾，教育工作者通过开展心理健康教育，细心观察大学生心理的变化，充分了解他们的思想情感及年龄特点，及时给予帮助和指导，做大学生的良师益友，既帮助大学生度过这一特殊时期，又提升了教师的威信。

第二，有利于解决大学生求知欲和识别力之间的矛盾。大学生渴求知识，求知欲强烈，对社会领域或自然环境领域中的一切，他们都感到新奇，都想了解和探求究竟。但是由于其辨别力低，有时分不清哪些是积极的、有益的，哪些是消极的、有害的，以致良莠不分，把错误的事物也接受下来。这样就产生了求知欲强和识别力低之间的矛盾。针对这一矛盾，教育工作者通过开展心理健康教育工作，教导大学生要勤学多思，增强判别力，特别是对课外读物（包括网络方面内容），要用正确的观点，对其内容进行分析，取其精华，去其糟粕。还要帮助他们培养自制力，使他们学会控制自己、约束自己的行为。

第三，有利于解决大学生情绪与理智的矛盾。大学生的情绪很容易激动，容易感情用事。但是，在激动的情绪平静下来后，大学生在理智上完全能清晰地分析问题,这说明当他们的认知与需要不一致时,理智上知道怎样行动,但不善于处理情绪与理智之间的矛盾,不能坚持正确的认识,难以控制自己的情绪。针对这一矛盾,教育工作者通过开展心理健康教育工作,教育大学生要正确地对待他人的进步和荣誉,培养宽阔的胸怀;正确地估计自己的优缺点,取长补短;处理好人际关系,发扬集体互助精神。

第四,有利于解决大学生理想的"我"与现实的"我"之间的矛盾。大学生的抽象逻辑思维发展到一个新的水平,这种思维能力使大学生能从现实的具体条件出发,把自己所获得的感性印象抽象、概括地进行反复思考。同时,由于大学生对未来的热烈向往,想象比较丰富,往往离开现实条件构想自己未来的前景,这样,就形成一个理想的"我"。远大的理想为大学生的生活指明奋斗目标,但是理想中的"我"与现实中的"我"不一定完全相符,当他们感到达不到自己的"理想"时,就与现实发生矛盾。面对这一矛盾,如果他们不从自己本身的思想认识、智力特点考虑问题,就会把这种不切实际的"理想"夸大,从而对现实不满。针对这一矛盾,教育工作者通过开展心理健康教育工作,引导学生更多地参加实践活动,给他们安排各种表现自己能力的机会,使他们通过活动了解自己的优缺点,认识自己在一定的集体或社会活动中的地位,缩小理想与现实的距离,从而获得对自己的正确认识。提高或降低学生的抱负水平:对于抱负过高的学生,可适当降低他们的抱负水平以使他们将自我评定与现实的可能性联系起来;对于抱负过低的学生,可适当提高他们的抱负水平,帮助他们克服困难和阻力,提高学习成绩,增强学习信心,培养勇于和各种困难进行斗争的精神。

第三节 大学生心理健康教育内容与途径

一、大学生心理健康教育的内容

大学生心理健康的研究遵循以大学生健康发展教育为主,心理疾病预防为辅的原则,主要从以下几个方面开展心理健康教育。

(1) 环境适应教育。无论是谁,面对环境的改变都要有一个适应的过程,特别是大学新生,从紧张的高考中释放出来,高考目标达成,新的目标还没有建立;

大学生活和学习环境与高中不同；人际关系更加复杂，活动更加丰富，选择更加多元；大学的教学管理模式和中学的完全不一样。大学新生处于“心理上的断乳期”，适应新环境是大学新生的第一课，适应期有长有短，适应期越短的学生，成长得越快。

（2）学习发展教育。要了解智力发展的规律、特点和学生智力发展水平与特点，培养学生的观察力、记忆力、想象力、思维能力，使学生掌握科学有效的学习方法，养成良好的学习习惯，提高学习效率。同时注重对学生非智力因素的培养。非智力因素是指动机、兴趣、情绪、意志等心理素质。非智力因素的培养主要在于激发学生学习动机，培养学习兴趣，锻炼意志品质。

（3）自我意识发展教育。自我意识是一种特殊的认知过程，指的是个体对自己的身心状况及自己与周围人和环境关系的一种认识，是人格结构中自我调节的子系统。自我意识发展的模式不是直线式的前进而是螺旋式的上升。自我意识的发展呈现出自我分化——自我矛盾——自我统一，再到新一轮的自我发展的过程。大学生正处于从青年期向成年期的过渡时期，心理从幼稚走向成熟。加上生活在社会的转型期，传统价值观让位于多元价值取向，人们的生活方式多样化和商业文化冲击力强大等，导致他们的内心更加容易骚动不安，所以大学生自我意识的发展也是一个很重要的课题。

（4）人际交往教育。大学生需要了解人际交往和人际关系的基本知识、技能，学会与他人交往，优化人际关系，学会共同生活。大学时期是人走向成熟的关键时期，也是人际关系走向社会化的重要转折时期。大学生若能熟练掌握成功交往的原则与艺术，无疑会促进人际交往的效果，在这一阶段所积累的交往经验也将会对今后的发展产生重要影响。大学生要想在人群中脱颖而出，不仅要依靠出众的才华，更要具备良好的社会适应能力和人际交往能力。

（5）挫折应对教育。天有不测风云，挫折广泛存在于每一个人的生活之中，贯穿于人的一生，遍布于生活的方方面面。伴随着挫折的出现，人会出现相应的应激状态。应激是指由紧张刺激引起的，伴有躯体机能及心理活动改变的一种心身紧张状态。在心理学有关挫折的研究中，人们习惯于把挫折分成缺乏性挫折、损失性挫折、阻碍性挫折三类。应对不同的挫折，我们在心理和行为上都应该有相应的应对策略。

（6）情绪调节与控制教育。情绪是人类最复杂的心理现象之一，常常令人捉摸不透。在处于某种情绪状态中，有时我们甚至会表现得不知所措。大学生正处在心理成长的重要时期,情绪特征更具特色,面临的问题也更加多样化。大学生的情绪具有波动性、冲动性、丰富性和情境性等特征。如何从心理和生理反应两个层面来调节和控制情绪,这也是心理健康教育的重要内容。

(7) 健康恋爱观教育。了解性生理和性心理的基本知识,正确处理恋爱中的心理问题,建立健康恋爱观,上好人生必修课,促进大学生人格完善和健康成长。由于在中学阶段时学校、家庭和社会对恋爱的“压制”,刚进入大学的大学生大多都没有掌握成熟、智慧的处理亲密关系的经验和技巧,而荷尔蒙的冲动及对之前压抑的代偿心理又会使一部分大学生在处理性问题上变得非常不理性。所以,指导大学生树立正确的恋爱观,传授一些有助于增进积极的亲密关系的小技巧和大策略,同时教导大学生谨慎安全地处理两性关系问题十分必要。

(8) 健全人格教育。“人有千面,各有不同。”人格是一个丰富而复杂的心理成分,它凝聚着文化、社会、家庭、教育与先天遗传的个体风貌。人格有着鲜明的个性特征,其差异铸就了个体千差万别、千姿百态的心理面貌。人格是伴随着人的一生不断成长的心理特征。大学生正处于人格发展和成熟的高峰阶段,在这个时候施以必要的健全人格教育,对大学生来说是至关重要的。

(9) 生涯发展教育。社会发展到今天,大学生对职业发展的期待不仅仅是要找一份工作维持生计,更是要找到一份满意的工作,实现自己的价值;同时,也希望能为自己的一生有一个较好的规划和安排。因此,进行生涯与职业辅导,以生涯发展为主线,同时根据大学生的现实特点与需求,兼顾具体的职业辅导,为帮助大学生规划人生、发展自我、实现人生价值提供必不可少的指导。

(10) 心理问题预防和求助教育。正如前文所说,当代的许多大学生面临着诸多迷茫和困惑。但是社会文化和以往自己的生活习惯却让很多人难以想到去寻求专业帮助。目前,我国很多高校已建立了心理咨询机构并开展了心理咨询活动。所以,对大学生来说,要了解心理问题的性质,及时克服不良心理,学会寻求心理咨询的帮助。

(11) 生命生存教育。对大学生进行生命生存教育,让他们感受生命,认识到生命的真正意义,善待人生,努力过有价值的人生,做善良、正直、有为、磊落之人。生存是为了理想,是为了更好地生活,是为了展现生命的意义。自尊、自信、自强的人生态度才是生存的真正价值所在。生存在于奋斗,“物竞天择,适者生存”,勇敢地面对生活旅程中的激流、险滩,与命运抗争,就会从中享受到生存的真正乐趣。

二、大学生心理健康教育的途径

大学生心理健康教育是一项系统工程，它只有与高校各项教育相互结合、相互促进，才能实现心理健康教育的最终目标，必须把大学生心理健康教育全面渗透在整个高校教育过程中。同时，大学生心理健康教育也离不开学生家庭的配合和社会环境系统的支持。因此，应综合运用多种途径和渠道，积极探索最适合本学校、本地区的心理健康教育的模式。如中南大学“五个结合”的教育模式、华中师范大学的思想教育工作与心理疏导工作有机结合模式、南京理工大学的心理健康保健员制度等，都取得了比较明显的成效。

具体而言，全方位开展大学生心理健康教育主要通过以下途径。

（一）学科教学中渗透心理健康教育

课堂教学是大学生学习生活的主要途径，要发挥各门学科教学的心理教育价值和功能，争取多学科教学的配合和渗透，营造良好的课堂心理氛围。

在课堂教学中，教师应在坚持愉悦性、激励性、差异性、支援性等课堂教学的心理卫生原则的前提下，着力于通过精心组织教学内容、积极改进教学方法、精心设置问题情境等引发学生的兴趣，寓教于乐，通过平等、民主、合作的师生关系来带动课堂的良好氛围。

改革教学方式。多数情况下，民主型管理方式应该是学科教学中渗透心理健康教育的首选课堂管理模式。民主型管理方式比较容易营造师生之间的平等、民主、合作的氛围，易于缩短师生之间的心理距离，学生具有较高的安全感和自主性，师生之间的互动也较为自然、和谐，因此有利于学生的心理成长和心理健康。挖掘学科内容的心理教育因素，化解学习和研究活动中的心理困扰：无论是社会科学类课程、自然科学类课程，还是体育艺术类课程，虽然它们各自具有不同的认知内容，但都蕴含着十分丰富的心理健康教育资源。同时，在这些学科课程的教学过程中，教师也必然要涉及有关心理健康教育的内容。

（二）思想政治教育与心理健康教育有机结合

心理健康教育和思想政治教育都属于育人的工作，二者存在内在的必然联系，但也存在着差异。心理健康教育侧重增进个人的身心健康，而思想政治教育侧重培养学生的世界观、人生观、价值观、道德观。因此,在实际工作中,必须把握各自的侧重点,将二者紧密地结合起来。遵循大学生思想认识发展的规律和心理健康发展的规律,对那些思想认识与心理问题交织在一起产生的矛盾及出现的行为问题,从心理的角度入手,运用心理康复的手段消除学生的心理障碍。加上思想引导,克服一些不健康心理和偏激观点,把心理疏导和思想教育结合起来共同发挥作用,增强教育的有效性,提高学生的心理健康水平。要把思想政治教育工作落到实处,落到大学生的心坎上,最关键的就是要了解和掌握大学生的思想和心理行为,把心理健康教育融入思想政治教育的全过程。心理健康教育工作是大学生日常教育与管理工作的重要内容,同时也是高校教师义不容辞的责任。人的行为和表情是人对某种客观事物的特定反应,是受人的心理支配和调节的,是人心理活动的直接表现。人的心理活动是由客观事物引起的,又会在人的行为和表情中显露出来。思想政治教育者只有深入大学生,避免"空对空",运用心理学知识及规律对大学生的心理状态和心理特点进行研究,区分思想问题和心理问题,掌握学生的心理活动规律和思想状况,及时抓住其思想和行为的苗头,采用不同思想政治教育、心理健康教育原则和方法,善于对学生的心理问题有针对性地进行辅导或咨询,给有心理困惑、心理障碍的学生及时和必要的帮助,才能防患于未然。

(三)校园文化建设中渗透心理健康教育

校园文化情境具有潜在而重要的心理健康教育价值,对学生的心理健康往往有着不可估量的作用。校园文化作为学校隐性课程的一部分,它不仅影响着学生心理品质的形成,而且直接关系到全体学生的心理健康。高校应着力于从以下两方面的校园文化建设来渗透心理健康教育。以心理健康教育的理念建设"硬环境",充分发挥校园"静态文化"的心理健康教育功能。所谓"硬环境",指的是学校的物质环境。高校只有以心理健康教育的理念来建设"硬环境",才能发挥这种"静态文化"的心理健康教育功能。为此,首先学校应净化、绿化、美化校园。特别是应从教育的理念出发,本着经济实效的宗旨,对学校的人工环境进行设计与改造,使之符合建筑学、心理学、教育学、卫生学、美学的原理。其次应不断改善教育教学的物质设施,如配备适合的现代教育技术设备,购买足够的图书资料,给学生提供丰富的精神食粮;完善科学实验设备,增强学生操作能力;拥有体育艺术器材及场地,活跃学生文体生活;建立社会劳动实践基地,增加学生生活体验等。再次学校还应重视校园的"阵地化"建设,即积极设置并规范必要的教育阵地,如体现各时期对大学生要求的少而精的标语口号及反映心理健康教育主题的校报、校刊、壁画、黑板报、墙报、招贴画等。同时,学校还要充分利用校园广播站(电台)、校园电视台等的优势,尽可能地发挥它们在心理健康教育传播方面的功能。以心理健康教育的理念创设“软环境”,充分发挥校园“动态文化”的心理健康教育功能。所谓“软环境”,就是校园的精神环境。校园“动态文化”对学生心理健康的影响要比“静态文化”来得更直接,也更具有情境性、渗透性、持久性、暗示性和深刻性。为此,高校应从心理健康教育的要求出发大力创设良好的校园精神环境。

第一,学校应端正办学思想,更新教育观念,坚持素质教育与心理健康教育的先进教育理念,追求教育性和人性的结合,树立新的学生观和人才观,为营造良好的校园精神环境提供正确的观念导向。

第二,要着力于形成健康向上的校风、班风。校风、班风是集体中长期形成的在价值上、言论上的共同倾向。它是一种无形的教育力量,学生置身其中自然受其影响。因此,教师应首先抓好班风,坚持“学生管理”和“教师管理”双管齐下,通过打好思想基础、进行正面引导、开展评价活动、运用宣传工具、发挥表率作用等手段,形成积极向上的班级舆论环境,进而形成良好的班风。有了良好的班风,就不难形成良好的校风。良好的风尚经过长时间的积累就会形成自己学校的优良传统,而这种传统又成为更高层次的教育源。

第三,应努力营造良好的教学心理环境并建立融洽的人际关系。学校中的教学心理环境和人际氛围是校园文化中极其重要的构成部分,学校应通过全员培训的方式强化教师的有关意识,通过各种管理措施鼓励教师积极进行教育教学改革,以新的理念建立平等、民主、互助、合作的新型师生关系。

第四,完善学校的制度管理、发挥“制度层”的育人功能。学校管理者必须理顺管理思路,建立管理网络,制定出行之有效的规章制度,使学校各项工作井然有序,使师生行为有章可循。

第五,大力开展丰富多彩的校园文化活动。学校应有目的、有计划地举办活泼新颖的科技节、读书节、艺术节、体育节等,组织各类社团活动和传统教育,通过各种训练活动、比赛活动、表演活动、游玩活动、宣传活动、仿效活动、竞选活动等,丰富学生的心理体验,让学生在这种“流动的文化”中真实感受校园是自己精神生活的乐园。

(四)心理健康教育课程与心理咨询(辅导)工作并举

高校心理健康教育除了上述的基本途径外,还应有中心途径。中心途径也称为专门途径,它与基本途径相比,更有目的性、针对性、系统性,因而也是更为有效、更为直接的途径。

目前高校心理健康教育的中心途径主要有以下两类。

一是开设专门的心理健康教育课程,即把心理健康教育课程纳入学校的教学计划,做到定时、定点、定员,以保证心理健康教育课程的实施。高校心理健康教育课程的形式可以有选修课、活动课或专题讲座,也可以有专门的学科课程,这要视各校的师资力量及其他实际条件而定。

二是开展心理咨询与辅导。心理咨询与辅导是一种受过专门训练的专业人员向来访者提供职业性的帮助关系。在高校心理健康教育中,要积极创造条件建立心理健康教育工作体系,开展经常性的心理辅导或咨询工作。心理辅导或咨询工作要以发展性辅导或咨询为主,面向全校学生,通过面询、团体辅导、心理行为训练、书信咨询、电话咨询、网络咨询等形式,有针对性地向大学生提供经常、及时、有效的心理健康指导与服务。辅导或咨询要科学地把握高校大学生心理健康教育工作的任务和内容,严格区分心理辅导或咨询中心与专业精神卫生机构所承担工作的性质、任务。在心理辅导或咨询中发现严重心理障碍和心理疾病的学生,要将他们及时转介到专业卫生机构治疗,高校应进一步完善心理咨询室值班制度,规定心理咨询人员的具体值班时间和次数,建立健全《心理咨询师职业道德规范》《心理咨询保密制度》等制度;咨询活动形式也应多样化,除了面谈咨询外还可以采取电话咨询、网络咨询等形式;除了个体咨询,还可以每年举行几次大型现场咨询活动,利用团体咨询集中解决大学生中一些共同的和比较迫切的心理问题,如新生适应、情绪管理、创造能力训练、学习心理能力训练、心理调适团体训练、人际交往团体训练、职业能力训练等。

此外,还应将心理咨询与心理测量相结合。要运用信度和效度检验合格的表,对在校大学生尤其是大一新生进行心理普及教育,并建立规范的心理档案。同时要建立心理问题筛选、干预、跟踪、控制一体化的工作机制,做到大学生心理问题的早期发现、及时介入和有效控制,提高工作的科学性和针对性。

(五)建立家庭、学校、社区一体化心理健康教育网络

由于大学生心理的健康发展受学校教育及其以外的许多因素的制约,因此单靠学校方面的力量开展心理健康教育是不够的。高校应该与家庭、社区密切联系,协同开展,建立一种以学校为主导,家庭、社区共同参与的一体化心理健康教育

网络。

第一，高校首先要将教师心理健康辅导工作置于学校心理健康教育工作的优先地位，至少也应与大学生心理健康教育同步开展，并通过各种途径强化全体教师对自身心理健康重要性的认识，提高他们的职业修养和心理健康水平，尽量减少乃至杜绝对大学生心理健康的师源性伤害。这是高校心理健康教育取得成效的重要保障。

第二，要发动、指导学生家庭开展心理健康教育。家庭教育以其固有的优势在青少年的心理成长中发挥着重要而独特的作用，学校应加强与学生家庭的沟通和联系。这不仅要通过各种方式让学生家长了解学校正在开展的心理健康教育工作及其成效，而且要通过学校的力量指导家庭心理健康教育的开展。同时还要帮助学生家长及其他家庭成员提高自身的心理素质和心理健康水平。

第三，要充分发挥社区教育的作用。学校也要加强与校外心理服务机构、相关对口社区、公益性群团组织及其他社区热心人士、志愿服务者的联系，充分利用和挖掘社区资源，建设社区高雅文化和校外心理健康教育活动基地、净化社区环境，发挥社区高雅文化的辐射作用。条件成熟的社区应该设立由学校、家长、社区代表共同组成的大学生心理健康教育工作委员会，定期或不定期召开有关会议，制定有关制度、措施，加强三方联系，形成"教育辅导学生，人人有责"的局面，从而共同促进大学生心理的健康发展。

第四节　大学生心理健康教育的原则与发展趋势

一、大学生心理健康教育的原则

大学生心理健康教育是一项科学性、实践性很强的教育工作。为使心理健康教育能顺利开展并取得预期的效果，《教育部　卫生部　共青团中央关于进一步加强和改进大学生心理健康教育的意见》中明确加强和改进大学生心理健康教育的基本原则，具体如下。

（1）坚持心理健康教育与思想教育相结合。既要帮助大学生优化心理素质，又要帮助大学生培养积极进取的人生态度。

(2) 坚持普及教育与个别咨询相结合。既要开展面向全体大学生的心理健康教育,又要根据不同情况,开展心理辅导和咨询工作。

(3) 坚持课堂教育与课外活动相结合。既要通过课堂教学传授心理健康知识,又要组织大学生参加陶冶情操、磨炼意志的课外文体活动,不断提高大学生心理健康水平。

(4) 坚持教育与自我教育相结合。既要充分发挥教师的教育引导作用,又要充分调动学生的积极性和主动性,增强大学生心理调适能力。

(5) 坚持解决心理问题与解决实际问题相结合。既要加强大学生心理健康教育,又要为大学生办实事、办好事。

以此为依据,我们把大学生心理健康教育的基本原则概括为以下七点。

(1) 面向全体学生的原则。心理健康教育是素质教育的重要组成部分,是根据学生身心发展的规律和特点,运用心理教育的方法和手段,旨在培养学生良好的心理素质,促进其身心全面和谐地发展和素质全面提高的教育。因而大学生心理健康教育,必须面向全体大学生,以全体大学生为服务对象,切实帮助大学生解决实际问题。要开展深入细致的谈心活动,帮助大学生解疑释惑。采取切实措施,帮助大学生缓解来自经济、就业、学习和生活等方面的压力,帮助他们培养良好的心理素质。全面普及有关心理健康的基本知识,以减少心理和行为问题发生的概率,增进学生心理健康的整体水平。

(2) 学生主体性原则。学生主体性原则,直接、集中地体现着学校心理健康教育的本质特征。学生主体性原则的基本含义包括两个方面:一是学校心理健康教育是以全体学生为出发点,以增进其心理健康为目的,一切教育的内容和形式都是根据学生不同年龄阶段设计、组织和安排的;二是学校心理健康教育的任何内容和形式,唯有为学生所喜闻乐见、认可、接纳、内化,亦即通过学生的主体活动,才能充分调动他们的积极性和主动性,才能形成其智慧和潜力,从而形成健康的心理。积极引导大学生保持健康向上的心理状态,要把心理健康教育融入思想政治教育之中,开展深入细致的思想教育活动,做到"一把钥匙开一把锁",化解矛盾,润物无声。要组织并引导大学生参加丰富多彩、形式多样的校园文化和社会实践活动,陶冶大学生高尚情操,促进其全面发展。通过各种活动,加强大学生思想、感情上的交流与沟通,努力营造有利于大学生健康成长的良好氛围。离开了学生的主体地位,任何形式的心理健康教育都毫无意义。

(3) 参与性原则。学校心理健康教育是以学生和教师双方的充分参与为条件的。参与是学生个体表现自我和社会交往的需要，也是心理健康教育有效性的需要。唯有通过参与，才能使教师在心理健康教育中的科学辅导，与学生对心理健康教育的实际需要相结合，才能收到理想的效果。任何健康心理都只能在参与活动的过程中形成和发展起来，参与的概率和程度直接影响着心理健康教育成效的大小。

要充分发挥课堂教学在大学生心理健康教育中的重要作用。高校要普及大学生心理健康教育，发挥哲学社会科学，特别是思想政治理论课中相关课程教学对提高大学生心理素质的重要作用。要结合实际，有针对性地开设相关选修课程。要不断丰富心理健康教学内容，改进教学方法，通过案例教学、体验活动、行为训练等形式提高课堂教学效果。

积极开展心理健康宣传教育活动。高校要充分发挥学校广播、电视、校刊、校报、橱窗、板报及校园网络的作用，大力宣传普及心理健康知识。要积极组织大学生心理健康宣传日或宣传周、心理剧场、心理沙龙和心理知识竞赛等活动，努力开办网上心理健康栏目，经常举办心理健康讲座。要支持大学生成立心理健康教育社团组织，发挥大学生在心理健康教育中互助和自助的重要作用。

(4) 民主性原则。心理健康教育的重要任务之一就是全面地了解学生，增进学生的心理健康。在学校教育中，尽管教师和学生所处的位置不同，所扮演的角色不同，但他们在人格上是平等的，应该互相尊重，互相理解，遵循民主等的原则。民主性原则和学生主体性的原则是相辅相成的，因为只有在民主型的师生关系中进行心理健康教育，才能真正体现学生的主体性。只有坚持民主性原则，以真诚、友爱等的态度对待每一个学生，成为学生的知心朋友或良师益友，学生才愿意亲近教师，对教师说心里话，才能了解和掌握学生真实的心理，心理健康教育才有针对性，才能在轻松愉快和乐观向上的气氛中进行，才能收到理想的效果。为此，教师在从事心理健康教育的过程中，必须充分尊重每一个学生的权利、意见和人格尊严，一切居高临下的说教、一切形式的讽刺挖苦和嘲弄学生的行为都是不可取的，都不利于学生心理健康教育的顺利进行。

(5) 差异性原则。差异性原则，也称为个性化原则。学生心理发展的差异包括群体差异和个体差异。一般来说，同一年龄段的学生群体，其心理发展具有大体相同和相对稳定的心理特点，而不同年龄段或不同年级的学生群体则无论是智力因素和非智力因素都存在着明显的差异性。不仅智力因素如此，非智力因素的发展同样存在这样的明显差异性。学生群体心理发展的层次和水平上的这种差异性，要求我们在学生心理健康教育的过程中,教育的内容和形式都必须有针对性,必须符合不同年龄段或不同年级学生心理发展的特点,否则就难以收到理想的教育效果。

(6) 多样性原则。多样性原则是由学生群体和个体心理的差异性、心理需求的多样性及心理与行为问题的复杂性决定的。为此,学生心理健康教育必须符合学生心理发展的特点,教育的内容应当是具体的、丰富多彩的,富有启发性、感染性的,教育的形式和方法应当是生动活泼、灵活多样的,为学生所喜闻乐见的,以求最大限度照顾到其心理发展的差异性,满足不同阶段、不同层次和不同个体的心理需要,以提高其心理健康水平。

(7) 预防为主和咨询调适相结合的原则。学校心理健康教育的根本目的在于面向全体学生,预防心理疾病,增进心理健康,促进心理发展,全面提高心理素质,因而必须坚持以预防为主和咨询调适相结合的原则,重在预防和发展。认真做好大学生心理辅导和咨询工作。高校要面向全体大学生,做好心理辅导和咨询工作。通过个别咨询、团体咨询、电话咨询、网络咨询、书信咨询、班级辅导和心理行为训练等多种形式,为大学生提供及时、有效、高质量的心理健康指导与服务。要做好新生、应届毕业生,特别是家庭贫困学生、学习困难学生、失恋学生、违纪学生、言行异常学生的心理辅导和咨询工作,帮助他们化解心理压力,克服心理障碍。发现存在严重心理障碍和心理疾病的学生,要及时到专业卫生机构进行治疗。只有坚持预防和促进发展,才能大面积、有效地帮助学生在其自身条件允许的范围内,达到心理功能的最佳状态,使心理潜能得到最大的发挥,人格得到和谐健全的发展,形成对学习、生活和社会环境的良好适应能力。同时对少数学生面对学习、生活和社会交往等方面存在的困扰和成长中出现的心理危机及时有效地给予帮助和调节,对极其个别有心理问题的学生给予积极有效咨询指导和适当矫治,对出现心理障碍或患有心理疾病的学生要及时与家长联系,提供建议,将其介绍到医疗性心理咨询和心理治疗机构,由专业人员给予治疗,以保障其心理健康。

二、大学生心理健康教育的研究展望

(一) 心理健康教育与思想政治教育结合的研究

在学校教育实践中,要遵循心理健康教育与思想政治教育的规律,将大学生心理健康教育与大学生思想政治教育紧密结合起来。把心理健康教育机制引入思想政治工作，这对增强思想政治工作的实效具有重要作用，有利于预防和消除心理疾病，有利于高校对人才培养目标的实现，这是促进和完善思想政治工作的必然。要对大学生心理健康教育与思想政治教育的有效结合途径和保证措施进行进一步的积极探索和研究。

（二）研究的理论成果与心理健康教育实践结合方式的研究

每个阶段的研究都强调加强大学生心理健康教育的必要性和紧迫性，这就反映出一个不容忽视的问题：虽然对大学生不断进行心理健康教育和相关研究，但并没有很好地起到预测、控制大学生心理健康问题的作用。有必要进行进一步的探索，寻求把大学生心理健康教育研究的理论成果更好地运用于实际教育工作的有效途径。国际著名心理剧大师凯特多年来倡导一种名为“心理剧螺旋治疗法”的创伤治疗模式。另外，学校实施心理健康教育的途径也要呈现多样化。

（三）心理健康教育与其他学科渗透融合的研究

当我们的教学观从“双基观”发展到“智能观”以致后来提出强调非智力因素，最后形成全面素质观的过程中，我们可以看到，新的教育观重视开发智力，培养人的兴趣、情感、意志、个性，形成健全的人格，从心理的层面上开发人的巨大潜能。从这个意义上说，学科教学与心理教育有着相交相融的关系，学科教学是学校的中心工作，是学校教育的基本途径与主要方式，因此在学科教学中渗透心理健康教育就成为心理健康教育的主要途径。

（四）大学生网络心理健康教育的研究

网络时代的来临给新时期大学生带来了新的挑战和机遇，但同时也给大学生的心理健康教育带来了许多负面影响。应加强对大学生网络心理健康问题的研究，探索新的内容和途径，加强网络条件下大学生的心理健康教育。

（五）心理健康教育课程的研究

大学生心理健康教育已经引起了教育界甚至整个社会的重视，2011 年教育部《普通高等学校学生心理健康教育课程教学基本要求》明确要求将高校学生心理健康教育课程纳入教学计划和培养方案，2017 年湖北省教育厅以教育部《普通高等学校学生心理健康教育课程教学基本要求》为标准，把大学生心理健康教育课程纳入教学计划和培养方案，并实行学分制管理，切实发挥心理健康教育课程教学主渠道作用。各高校虽然已经将心理健康教育课程全部面向学生开设，通过必修课的形式面向全体学生开放，让更多的学生了解心理健康的重要性和学会自我调节心理健康状况的方法。但由于师资等原因，仍然有很多高校的心理课程无法受到重视，无法如其他公共课或专业课一样，难以调动学生的积极性和参与度，课堂教学效果也可想而知。

第二章　新时代高校提升心理育人质量研究

心理育人，是高校人才培养体系的重要组成部分。提出并强调心理育人，要求高校心理健康教育由“育心”向“育人”的层面转移，推动高等教育“育心”和“育德”的融合。新时代高校提升心理育人质量的研究，对发展高校心理健康教育育人理念、提高心理健康教育育人实效，具有积极的理论意义和重要的实践价值。本章对新时代高校提升心理育人质量进行研究。

第一节　高校心理育人的内涵与特点及理论基础和实践依据

一、高校心理育人的内涵与特点

（一）心理育人的科学内涵

教育是民族振兴的基石，是功在当代，利在千秋的德政工程。为了贯彻落实党和国家的教育方针，充分发挥中国特色社会主义高等教育的育人优势，2017 年 12 月，中共教育部党组印发的《高校思想政治工作质量提升工程实施纲要》（以下简称《实施纲要》），明确提出：“充分发挥课程、科研、实践、文化、网络、心理、管理、服务、资助、组织等方面工作的育人功能，挖掘育人要素，完善育人机制，优化评价激励，强化实施保障，切实构建‘十大’育人体系”，作为新时期高校提升德育工作质量的重要战略举措，引起了高校育人工作者的高度关注。

育人，狭义上是指学校通过各种教育教学活动对学生施加积极影响，以促进学生的成长成才；广义上，凡是有利于教育对象成长成才的一切活动，都可称之为育人活动。育人最核心的问题,是“为谁育人”“育什么样的人”“如何育人”的问题。习近平总书记在全国教育大会上反复强调,教育是“国之大计、党之大计”,高等教育要站在为党育人、为国育才的立场,切实培养社会发展、文化传承、民族存续、制度运行所要求的人,科学地回答了“为谁育人”这一问题,即为党、为民族、为国家育人。2017 年,中共教育部党组颁布的《实施纲要》,明确提出“培养担当民族复兴大任的时代新人”这一育人目标,强调了“育什么样的人”的问题。关于“如何育人”,《实施纲要》明确要求,高等教育要充分发挥课程、科研、实践、心理等“十大”育人体系的育人功能,以立德树人为根本,以理想信念教育为核心,以社会主义核心价值观为引领,全面、全程、全方位地开展育人工作。“十大”育人体系,着眼于“育人”,强调学校教育各个环节育人要素的充分挖掘,育人功能的发挥及育人机制的完善,是提升高校思想政治工作质量的重要举措,也是优化高校人才培养体系的必然要求。心理育人,作为“十大”育人之一,在全面发展教育理念下,具有乘数效应,它对学校其他教育起着“酵母”式的促进作用,直接影响全面发展教育的整体水平。

心理育人被纳入“十大”育人体系,心理健康教育受到了党和国家前所未有的重视,是高校心理健康教育具有里程碑意义的事件。

1. 心理育人的含义

“心理健康教育”和“育人”二者有内在的逻辑关联,“心理健康教育”是实现“育人”的重要途径,包含着与培养时代新人标准相符合的内容、方法、举措。“育人”是“心理健康教育”的内在要求和最终目的,是出发点也是归宿。心理育人体现了“心理健康教育”和“育人”的融合,是教育者立足于育人,遵循教育教学规律和人的身心发展规律,通过心理健康教育的方式,有目的、有计划地对教育对象进行积极的心理引导,以实现培育综合素质全面发展的时代新人的教育活动。心理育人强调心理健康教育要加强人文关怀和心理疏导,根据大学生的身心发展特点和心理成长需要,以育心和育德相结合的方式,有针对性地传授心理健康知识、心理调节的方法,着力培育理性平和、积极向上的健康心态,促进学生心理健康素质与思想道德素质、科学文化素质协调发展。心理育人这一提法,凸显了心理健康教育的育人价值取向,实现了心理健康教育从“育心”到“育人”的转化。

2. 心理育人提出的意义

我国高校的心理健康教育,从萌芽阶段到快速发展阶段再到如今的规范化、专业化阶段,走出一条从无到有,从小到大,从教育的碎片化到系统化的发展道路。

在这个过程中，高校心理健康教育工作得到进一步重视，内容不断丰富，形式不断拓展，取得了可喜成绩，积累了宝贵经验。随着心理育人的提出，心理健康教育的德育属性更加清晰，其所蕴涵的育人功能得到进一步挖掘。

1）彰显心理健康教育的育人价值

心理育人和心理健康教育，从字面意义上看，前者的“育人”两字是其鲜明特征，和教书育人的“育人”两字，有异曲同工之妙。心理育人，体现了素质教育中“以人为本”“全面发展”的德育理念，强调以心理健康教育的方法和途径实现育人目的，是高校人才培养体系中的重要组成部分。心理健康教育，由于受到传统健康观的影响，其“健康”两字容易被误解，心理健康教育工作目标、理念、方法、途径易被狭隘化，从而片面强调心理健康教育的“矫治”功能。心理育人有着明确目标导向，为高校心理健康教育指明了方向，即面向全体学生，坚持育心和育德相结合，以发展为主，预防矫治为辅，充分挖掘心理健康教育的德育要素和育人功能，把学生培养成综合素质全面发展的社会主义建设者和接班人。心理育人，就是要充分挖掘心理健康教育的课程建设、心理咨询与服务、心理危机干预体系中所蕴含的育人要素，站在育人的高度，理解和开展心理健康教育。心理育人的提出，对充分挖掘心理健康教育的育人功能具有极其重要的意义。

2）促进高校育人实践的落实

虽然心理育人作为“十大”育人被第一次提出，但是心理健康教育所蕴含的“育人”功能，从它诞生之日起就一直存在。党和政府历来重视大学生心理健康教育，早在 1994 年中共中央颁发的《中共中央关于进一步加强和改进学校德育工作的若干意见》和次年 11 月国家教委颁布试行的《中国普通高等学校德育大纲》中，就明确提出“要积极开展青春期卫生教育，通过多种方式对不同年龄层次的学生进行心理健康教育和指导，帮助学生提高心理素质，健全人格，增强承受挫折、适应环境的能力。”这一教育使命，并把心理健康教育纳入德育工作范畴。2001 年，教育部出台了《教育部关于加强普通高等学校大学生心理健康教育工作的意见》，对心理健康教育工作的目标、原则、内容等做了明确部署，强调了全面发展的育人理念，是教育部首个针对高校心理健康教育的纲领性文件。在此之后的心理健康教育相关的众多政府文件中，都明确规定了心理健康教育的德育属性和育人理念。

尽管如此，在高校心理健康教育具体工作实践中，其育人功能并没有得到充分发挥。受传统医学模式的影响，高校心理健康教育工作往往更多着眼于心理危机预防和干预工作，重视解决少数大学生的心理困惑和心理障碍，忽视了多数大学生的心理发展需求,对大学生心理素质的培养和心理品质的塑造及价值观的引导则明显不足。心理健康教育的德育属性并没有得到有效体现,其育人功能也没有得到充分发挥。心理育人遵循立德树人的教育理念,以学生个体的成长成才为出发点和落脚点,明确规定了心理健康教育的德育功能和发展性目标,为高校心理健康教育的落实提供了强有力的实践依据。

(二)心理育人的基本特点

心理育人的提出,再次明确了心理健康教育的德育属性和育人导向,对提升思想政治教育的科学性、实效性,促进心理健康教育育人功能的发挥具有重要意义。心理育人在其德育属性、内容任务、目标导向、原则要求上有其自身的特点。

1. 心理育人的德育定位

要想厘清心理育人和德育的关系,首先要对德育这一概念有个清晰的认识。德育的概念经历了一个长期发展的历史。自古以来我们国家就十分注重德育,在论语的《为政篇》中,孔子讲到:“道之以政,齐之以刑,民免而无耻;道之以德,齐之以礼,有耻且格。”意思是君主以利律和刑罚来制约管束,百姓们为了免予处分从而服从政令,却不知道羞耻;如果以德行礼制来进行教化,百姓们不但知道羞耻并且懂得处世之道。儒家思想中的德育主要是指政治思想教育。司马光曾经说过“正直中和之谓德”,侧重从政治观点、政治立场、政治品质方面来考察德育。20 世纪初“德育”一词,正式从西方传入中国。早在 1904 年,王国维在《叔本华之哲学及其教育》中,提及“德育”一词,随后的 1906 年其在《论教育之宗旨》中写道“德育,然有知识而无道德,则无以得一生之福祉,而保社会之安宁,未得为完全之人物也。”在这里德育指的是道德教育。

1958 年后学术界普遍把思想政治教育当作德育。马克思关于人的本质的学说认为,人的本质是一切社会关系的总和。作为德育主体的人,在一定的社会关系中必然要与他所处社会的思想观念、政治生活发生关系,他的思想观点和行为举止自然要受该社会的意识形态、道德法律、政治经济的影响和制约。正是从这个意义上,德育包含了思想教育、政治教育、道德教育、法制教育,即我们通常说的“大德育”,这也是近些年来学者普遍认同的观点。

近 30 多年来,随着心理健康教育在我国的迅速发展,人们普遍认识到心理对思想的基础作用,心理素质对一个人成长的重要意义。1985 年,中国人事科学研究院原院长王通讯同志在其《人才学通论》中对德育有过这样一段描述:“从德的(个体)形成过程看,可以将它划分为三个层次:个性心理品质、伦理道德、政治品德,个性心理品质主要对个人成长产生作用,伦理道德主要对交往对象产生作用,政治品德主要对社会产生作用。"把人的个性心理品质的塑造纳入了德育的范畴。20 世纪 80 年代,我国心理健康教育最初是在提高德育科学性和时效性的背景下提出和发展起来的,当时各高校心理咨询中心的创建者、负责人和参与者中,70%以上是德育工作者。心理健康教育从其诞生之日起自然而然地被纳入了德育范畴,共同服务于高校的人才培养体系。由于心理健康教育主要以心理学相关知识为理论基础,有其自身的独立性,在和德育融合的过程中出现了各种"水土不服"的现象,使得部分心理健康教育工作者德育意识模糊,育人理念淡薄,专注于解决学生的心理健康问题,在实际工作中走了不少弯路。德育工作者对心理健康教育也缺乏足够的重视,至于原因王通讯同志在其《人才学通论》中给出了答案:"在人才之德的三个层次(个性心理品质、伦理道德、政治品德)中,社会、教师、家长一般都比较重视后两个层次,而对优化个性心理品质的重视度则远远不够,原因是个体的心理素质对社会发展的作用难以体现。"一直以来,心理健康教育社会倾向性没有得到充分发掘和利用。心理育人内在的德育机制是一个不能逃避且必须回答的问题,需要从学理层面进行进一步的探讨。

1) 思想和心理同属意识范畴,具有内在统一性

心理是指个体对客观物质世界的主观反应,按其性质可分为三个层面,即认识过程、情感过程和意志过程,简称为知、情、意。思想有广义和狭义之分,狭义上的思想是指人们在对客观物质世界感性认识的基础上,经过判断、推理等一系列复杂思维活动而形成的以各种观念形态为表现形式的理性认识;广义上的思想是心理的一部分,是被人们意识到的各种心理活动和状态,包括认知活动、情感活动、意志活动等,是人的意识的高级层面。思想和心理同属人的精神现象,虽分属不同层次,但却有着千丝万缕的内在联系,共同影响和制约着人的行为。

在思想产生的过程中,心理作为人脑的机能和身心发展的调节器发挥着基础性作用,是思想升华的载体,良好的心理状态是思想形成的助推器。心理软环境是播撒社会主义核心价值观、孕育理想信念的土壤,只有拥有积极乐观的心态、坚定的意志、健全的人格,思想的种子才能生根发芽。一个抑郁悲观充满负能量的人,其人生观多半是消极的;同样遇事斤斤计较、难以释怀、小肚鸡肠的人很难要求其具有奉献精神。事实证明,一个人的心理素质影响其道德发展水平,很多思想问题是由心理问题引起的。个体的心理活动同样受到思想活动的调节和支配。科学的

世界观、人生观、价值观对个体心理活动起到正向积极的调节作用,在很大程度上能够避免个体心理的失衡和扭曲。一个不懂感恩、不思进取、三观不正的年轻人,常常不会换位思考,使自身陷入痛苦焦虑中无法自拔。健康稳定的心理状态虽然是培养良好思想道德素质的基础,但高校心理健康教育工作如果仅仅停留在为大学生排忧解难式的问题解决模式,不能在更高的思想层面给学生以引导和把控,其效果可能只是短暂的、表面的、低层次的。

一个问题的出现往往是个体心理活动和思想观念交叉影响的结果,思想和心理从本质上都是以人脑为产生器官,以客观物质世界为源泉,以实践为桥梁而产生的精神现象。心理和思想的内在关联性和不可分割性,为心理育人的德育属性提供了科学依据。

2) 思想政治教育和心理健康教育的交叉与融合

思想政治教育和心理健康教育的关系问题并不是一个陌生的话题,但却是一个复杂且众说纷纭的话题。不同发展阶段及不同学科背景的学者对二者关系的论述均各有侧重。关于二者的关系有互补论、替代论、隶属论等不同观点,目前学术界比较认同的是二者交叉、互补、融合的关系,即心理健康教育和思想政治教育关系像两个圆交叉在一起,既有互相重叠的一部分,又有相互独立的一部分。传统的思想政治教育具有明显的"社会化"倾向,说教和理论灌输是其最常用的方法,学生倦怠、抵触、心理防线高筑,致使思想政治教育效果欠佳;传统的心理健康教育以心理咨询为其主要形式,在实际工作中重视疏通,但是缺乏引导,具有明显的"个体化"倾向,其社会功能被隐藏。通过二者的交叉与融合,可以透过学生的心理问题去挖掘其深层次的思想问题,用价值引导来更新学生的不合理信念,帮助学生端正三观,从而更好地实现育人。

尽管思想政治教育和心理健康教育二者在具体的内容要求、理论指导、方法途径、目标方向上各有侧重,但是二者都是面向全体高校学生,以社会主义核心价值观为引领,以理想信念教育为核心,共同坚守以人为本、立德树人的素质教育理念,为把学生培养为综合素质全面发展的社会主义建设者和接班人的教育。二者拥有共同的教育者和教育对象,遵循着共同的教育原则,都是针对大学生意识层面的教育,共同服务于育人的总体目标,存在明显的交叉与融合。大学生的思想道德修养的提高是评价德育实效性的重要标准,大学生思想的形成和道德的内化有一个发生、发展、融合、顺应的过程,在这个过程中,主体的情感、意志等心理因素对道德内化程度起着关键作用。把道德要求内化为主体的思想,外化为主体的行为是需要心理素质调节和控制的，大学生心理素质的好坏直接影响德育的实效。心理健康教育正是以提高大学生的心理素质，优化大学生的心理环境为任务，很好地契合了德育的需要。

2. 心理育人的内容任务

在社会发展和时代进步的背景下，高校心理育人的形式与内容随着大学生的身心发展特点和教育教学规律也在不断地调整和优化，呈现出内容丰富、形式多样的发展趋势。当前我国高校心理育人首先需做好最基础的工作，即面向全体学生，推进知识教育。在课堂教学中，老师需要结合当代大学生身心发展特点和现实需要，有针对性地普及心理健康教育知识。心育知识的传授不能仅停留在高深的心理学理论或者心理疾病的预防和矫治层面，要注重知识内容的发展性、意义性、实用性、生活化，比如，人际交往、时间管理、恋爱心理、职业生涯规划、情商教育、生命教育等内容，从大学生日常生活中汲取素材，切合实际地进行全方位、宽领域地渗透。其次，高校要加强心理危机的预防和干预工作。规范心理测量，推广开展高校大学生心理健康测评工作，以提高心理健康素质测评覆盖面和科学性。心理咨询是高校心理育人的特色活动，是心理危机干预的重要一环，有专业的技术要求和具体的规范和原则。心理咨询老师需严守咨询伦理，科学运用心理咨询技术，坚守保密性原则，以学生为中心，进行适当价值干预。高校建设的“四级”预警防控体系，要增强联动性、及时性、准确性，尽早发现并解决问题，把危机事件扼杀在摇篮中。再次，建设好容知识性、趣味性、启发性为一体的心理育人第二课堂，以 5 · 25 大学生心理健康节、心理健康教育讲座、素质拓展、校园心理剧、团体辅导等活动为主要阵地，让大学生在参与体验中提高发现问题、分析问题、解决问题的能力，促进其心理品质的优化和心理潜能的开发，是高校心理育人最核心的内容。最后，建立健全系统化育人长效机制，要把社会主义核心价值观、社会主义荣辱观及社会主流意识形态渗透到育人的各个环节中去，推动知识传授、能力培养与理想信念、价值理念、道德观念教育有机结合，是心理育人工作最高层次的内容。

3. 心理育人的目标方向

培养什么人的问题是教育的首要问题。习近平总书记在全国教育大会上明确指出，高等教育要坚持把立德树人作为根本任务，切实培养社会发展、知识积累、文化传承、国家存续、制度运行所要求的人。心理育人，作为一种重要育人途径，其最终目标是与整个育人事业目标相一致的。也就是说，心理育人与心理咨询、心理健康教育相比,具有更高的工作目标,在从具体层面帮助大学生解决心理问题、重建心理平衡之外,还需进一步引导他们正确认识自己和他人、社会、世界之间的关系,树立正确的世界观、人生观、价值观,进而从更高和更根本意义上收获心理健康。

心理健康教育发展初期,心育工作以维持安全稳定的校园秩序为重点,治愈学生的心理疾病为目标。21 世纪以来,心理素质对个人成长的重要意义逐渐凸显,提高心理素质、开发心理潜能、塑造优良品质逐渐成为心育的重点。2017 年,教育部《高校思想政治工作质量提升工程实施纲要》明确要求心育工作要以"培育师生理性平和、积极向上的健康心态,促进师生心理健康素质与思想道德素质、科学文化素质协调发展"为目标。

高校心理育人应该站在培养综合素质全面发展的社会主义合格建设者和可靠接班人的战略高度,把当代大学生培育为有情怀、有道德、有理想、有信念、心理素质强大且政治立场坚定的能够担当民族复兴大任的时代新人。

4. 心理育人的原则要求

高校心理育人要始终坚持育心育德相结合的原则。"育心"强调大学生健康心态的养成、心理素质的优化、心理机能的完善,是心理健康教育的基础功能。"育德"注重理想信念、道德观念教育和社会主义核心价值观的渗透,是心理健康教育的高级功能。育心育德相融合,要求高校以开展心理健康教育为切入点,加强人文关怀和心理疏导,在优化大学生心理品质、开发心理潜能的同时,提高他们的道德品质和思想境界。心理素质和道德品质犹如鸟之双翼,车之双轮,二者缺一不可,对个体的成长成才发挥着至关重要的作用。心理育人要坚持育心育德相结合的原则,引导学生树立正确的义利观、群己观、成败观、得失观,培育学生自尊自信、理性平和、积极向上的健康心态,促进学生心理健康素质与思想道德素质、科学文化素质协调发展。高校心理育人要坚持育人导向,突出价值引领的原则。心理咨询作为心理育人工作的重要环节,其价值中立原则曾备受争议。受罗杰斯来访者中心理论的影响,心理咨询行业普遍推崇"价值中立"原则,即在咨询过程中咨询师要保持中立的态度,不介入、不评价、不引导,相信来访者与生俱来的积极因素能够克服困难。很显然,这种观点否定了后天环境的作用和教育的力量,本身就是不科学的,更加不能适用于高校的心理咨询工作。恰恰相反,高校心理育人要坚持育人导向,突出价值引领。青年学生正处于人生的"拔节孕穗期",具有很强的可塑性。无论在心理咨询过程中,还是其他心育活动中,价值干预是必要环节。高校心育工作要坚持育人导向,突出价值引领,把社会主义核心价值观渗透到心理育人的各个环节，对大学生进行及时的价值干预和引导。

高校心理育人要坚持普遍性和特殊性相结合的原则。大学生拥有许多共同特点，比如，身体发育渐趋成熟、情绪波动大、自我调节能力差、学习生活网络化；也面临着许多普遍问题，比如，学业压力、求职压力、婚恋压力等。高校很容易忽略，因学生个体的气质类型、原生家庭、遗传因素的不同，而产生的特殊心理问题。对于大学生的共性问题和成长发展性问题，要发挥心育课程的主渠道作用，通过课堂教学、大型讲座的形式，进行全体、全过程、全方位教育；对于个别学生的特殊问题，比如，因失恋导致的情感危机、重组家庭关系相处模式、同性恋等问题，可以通过定期开展主题讲座的形式来解决。高校里也不乏一些正在遭受心理危机的大学生，这类人群对心理问题解决的迫切度高，需求强烈，隐私保护意识强，可以通过个别心理咨询的方式进行。高校心理育人要坚持普遍性和特殊性相结合的方法，关注学生个体差异，注重方式方法创新，分层分类开展心理健康教育，以满足不同学生群体不同的心理发展需求。

二、心理育人的理论基础和实践依据

心理育人有着深厚的理论根基和实践基础。只有厘清心理育人的理论基础和实践依据，才能科学有效地开展育人工作，使心理育人沿着正确的轨迹不断前进。

（一）理论基础

1. 马克思关于人的本质和全面发展学说

人的本质问题也就是人性问题，是心理学研究的基本问题。马克思在《关于费尔巴哈的提纲》中明确指出“人的本质是一切关系的总和”这一科学论断。人不是孤立存在的，是处在特定的自然和社会关系中，并与周围的客观物质世界发生着千丝万缕的联系。

分析大学生的心理问题，要联系他们所处的社会关系，不能离开他们所处的自然和社会环境抽象孤立地研究。马克思关于人的全面发展学说，是相对于人的片面发展而言的，描述的是一种理想状态，包括人的知识、能力、个性的协调发展，自然素质、社会素质、精神素质的共同提高。马克思主义关于人的全面发展，强调的是全面、自由、充分、可持续的发展，而非片面、畸形的发展。心理素质是个体综合素质的重要组成部分，心理育人是作为实现人的自由而全面发展的重要途径之一，务必挖掘一切育人要素,对大学生进行知识理论教育的同时,注重其个性的塑造和能力的培养,从而实现大学生综合素质的全面提升。

2. 以人为本的素质教育理念

关于素质教育的基本内涵问题,尽管众说纷纭,但健康的心理素质是其重要组成部分,这是毋庸置疑的。素质教育是以教育对象及社会长远利益为着眼点,以提高综合素质,促进全面发展为根本宗旨,以促使教育对象生动、活泼、自觉地发展为基本特征的教育。素质教育强调以人为本,把受教育者的现实需要和未来发展放在首位,十分重视潜能的开发和价值的实现,致力于培养教育对象自尊、自信、自爱、自立、自强意识,不断提高他们生存发展能力。高校心理育人贯彻落实了以人为本的素质教育理念,以大学生的成长成才为出发点,着眼于社会长远发展需要,以大学生心理素质的提高、心理品质的优化为重点,不断挖掘大学生内在的心理潜能,促进大学生个性发展和人格完善。

在素质教育影响下,心理育人的工作重点从心理疾病的预防矫治,逐渐向潜能开发、个性心理品质塑造等发展性目标转移,扭转了大学生对传统心理健康教育的消极认知和抵触情绪,增加了他们接受心理健康教育的积极性、主动性、自觉性。

3. 心理学的相关理论

心理学众多流派中有关人心理发展的研究和理论,为我们认识和把握大学生心理发展及其特点,提供了理论依据和方法指导。比如,精神分析学派揭示了精神的三种层次,即意识、前意识、潜意识,和人格结构的三个组成部分,即本我、自我、超我,从而使创建的自我防御机制,成为人类维护自身心理平衡的重要调节枢纽。当个体受到超我、本我和外部世界的压力时,自我防御机制能够缓和冲突对自身造成的威胁,使现实允许、超我接受、本我满足。大学生如果能够科学合理地利用自我防御机制,很大程度上能够减轻冲突和矛盾对其产生的伤害,从而降低心理危机的发生率。社会心理发展八阶段理论和需要层次理论,科学地阐释了人们身心发展特点和规律,为高校育人工作者科学把握大学生的身心发展特点提供了理论参考,对提升心育工作的针对性和前瞻性发挥着积极作用。以经典条件反射理论、操作条件反射理论和社会学习理论为代表的认知行为主义学派,强调行为的习得可以通过后天的学习和训练加以控制,认为大学生各方面能力具有可塑性,主张通过控制环境、运用强化来塑造人的行为,为高校心理育人工作提供了实践依据。以马斯洛和罗杰斯为代表的人本主义心理学派,强调对大学生无条件地积极关注,凸显了以人为本的教育理念。除此之外，心理学众多流派中有关心理咨询的理论和方法，为高校心理危机预防与干预提供了技术支持。比如，由自由联想、解释、释梦、移情四部分组成的精神分析疗法，和行为主义心理学派的系统脱敏法、放松训练、理性情绪疗法、行为塑造疗法，以及人本主义来访者中心疗法等，为高校心理咨询工作提供了科学的方法指导，很大程度上确保了心育工作的科学性和实效性。

（二）实践依据

党的十九大报告明确提出要培养担当民族复兴大任的时代新人，时代新人必定是有理想、有本领、有责任、有担当的，这是思想政治教育的目标，同时也是心理健康教育的目标。心理育人站在培养时代新人的高度，强调了高校心理健康教育的迫切性和重要性，为其指明了方向，并提出了新的要求。

1. 心育工作的迫切性

科技的突飞猛进、网络的四通八达给现代人带来舒适和便捷的同时，也带来了众多心理隐患。如今，快节奏的生活方式超出了部分人的精神负荷，出于各种原因部分人处于崩溃的边缘。学习贯彻习近平新时代中国特色社会主义思想和关于心理健康教育重要论述的需要，我们不难发现习近平总书记高度重视心理健康教育工作。在全国高校思想政治工作会上，总书记强调要培育理性平和的健康心态，加强人文关怀和心理疏导。在党的十九大报告中，总书记明确提出要“加强社会心理服务体系建设，培育自尊自信、理性平和、积极向上的社会心态”。2017 年 12 月，中共教育部党组发布《高校思想政治工作质量提升工程实施纲要》，将“心理育人”纳入高校“十大”育人体系。

作为新时代的大学生，如果没有优良的心理品质和坚定的理想信念，在未来的道路上很难胜任人生的各种角色，自身的价值难以实现，更不用说为社会主义现代化建设和中华民族伟大复兴贡献力量。一方面，某些大学生心理素质不高，三观还没有完全建立起来，面对社会上种种诱惑及多元价值观念的交叉与冲突，很容易陷入自我统一性混乱，产生各种各样的心理困扰和思想困惑，需要高校育人工作者给予及时的心理疏导和价值引导。另一方面，尽管大学生出现了各种各样的心理困扰，但“问题学生”终究是少数，大部分学生面临的则是如何优化、提升自己的发展性问题，这和新时代国家和社会对人才的综合素质，尤其是心理素质，提出更高的要求是分不开的。为了适应时代的发展，大学生的心理发展水平仅仅停留在“健康”这一层面是远远不够的，“健康”只是底线，较高的心理素质、优秀的心理品质才是他们的精神追求。这就要求高校心理健康教育转变“矫治”的工作思路,把工作重点放在学生心理素质的提高、人格的完善、心理品质的优化上。

2. 心育工作的重要性

心理育人,是“十大”育人体系不可或缺的部分,对其他诸育的育人效果有着制约或放大的作用。大学生在接受教育的过程中,总是伴随着一系列复杂的心理过程,需要心理机能的调节和转化才能把学到的知识内化为思想、外化为行动,良好的心境、稳定的情绪、健康的人格是对大学生进行智育、体育、美育的基础和前提。心理育人正是针对大学生的心理发展需求,通过心理健康教育途径,提高他们的心理素质,优化他们的心理品质,从而为其他诸育提供一个优良的“接受土壤”。大学生的心理健康状况,不仅关系到他们的成长成才,而且影响他们对世界的感知。积极的心理体验能够提高大学生的幸福感、安全感、获得感,从而增加他们面对困难和挑战的勇气。如果大学生以消极的态度面对生活中的人和事,怨声载道、悲天悯人、耿耿于怀,他们的世界一定是阴云密布、潮湿昏暗的。心理育人在高校人才培养体系中和大学生自身的发展需求上发挥了不可替代的作用,它的提出进一步强调了心理健康教育的重要地位,增强了心育工作的底气和自信。

3. 心育工作的发展性

20世纪80年代,心理咨询在国内兴起。由于客观条件限制和当时人们对心理健康教育的狭隘认识,最初的心理咨询主要是以解决大学生的心理危机为重点,服务对象为极个别有心理障碍的学生。随着心理健康教育德育属性的不断明确,心理健康教育的内涵更加丰富,外延不断扩大,服务对象开始由个别心理障碍的大学生逐渐拓展为有心理发展需求的大学生,服务形式也更加多样,除了心理咨询,大部分高校都开设了心理健康教育公开课,和以各种心育活动为主要内容的第二课堂,蕴含了强大的育人力量。心理健康教育,尽管本身蕴含了强大的育人功能,但在具体实践中,并没有立足于“育人”,也没有凸显“育”的要求。高校心理健康教育往往侧重心理学知识的机械传递和大学生心理危机的预防和干预,停留在为大学生排忧解难的问题解决模式。心理育人强调运用心理健康教育的途径和方法来实现育人,“育”即培育、培养的意思,蕴含着积极的发展理念。发展性的育人理念,强调教育的理念、目标、内容、方法、途径等方面都要有充分的育人意识,要求高校自觉站在育人的高度来理解和开展心理健康教育。

第二节　新时代高校提升心理育人质量的对策

习近平总书记在党的十九大报告中指出,“经过长期努力,中国特色社会主义进入了新时代”。中国特色社会主义步入了新时代,是在新的历史条件下继续夺取中国特色社会主义伟大胜利的时代,是决胜全面建成小康社会、进而全面建设社会主义现代化强国的时代,是逐步实现全体人民共同富裕的时代,是实现中华民族伟大复兴中国梦的时代。我国主要矛盾发生了变化,综合国力空前提高,当前比任何时期都要接近中华民族伟大复兴的光荣使命。党和国家事业发展从指导思想、理念思路、方针政策、体制机制、根本保证,到社会主要矛盾、社会环境、外部条件等各方面都发生了巨大变化,发展水平、发展要求更高,呈现出新的时代特征。新时代、新气象、新征程,高校心理育人工作面临新的发展机遇,同时也迎来了新的挑战。

一、新时代高校提升心理育人质量的机遇与挑战

社会主义进入新时代,网络的普及,经济的高速增长,给人们的生活带来了巨大变化,社会发展呈现出新的发展态势,对我国高校的心理育人工作来说是机遇和挑战并存的时代。

(一)恰逢的机遇

1. 党和政府的空前重视

党和国家充分认识到社会心理环境,对社会主义政治、经济、文化建设的基础性作用;以及心理健康对公民幸福感的支撑作用。党的十八大报告,在有关全面提升公民道德素质的内容中提及:“要注重人文关怀和心理疏导,培育自尊自信、理性平和、积极向上的社会心态。”心理健康问题在党的十八大报告中被提及,足以说明党中央对心理育人的重视。2016 年,习近平总书记在高校思想政治工作会议上强调,办好中国特色社会主义高校,必须以马克思主义理论为指导,全面贯彻党的教育方针,培育理性平和的健康心态,加强人文关怀和心理疏导。2017 年 12 月,教育部党组把心理育人作为提升高校思想政治工作质量“十大”育人工程之一,推动高

校心理育人进入了“新时代”。新时代,党和国家把心理育人工作放在了重要的战略位置,给予了前所未有的重视。习近平总书记曾多次强调,思想政治工作归根结底是做人的工作,高校对大学生思想政治工作的开展,要从注重人文关怀和心理疏导入手。

2. 育人观念的更新

2018年9月,习近平总书记在全国教育大会上发表重要讲话,指出:要深化教育体制改革,健全立德树人落实机制,扭转不科学的教育评价导向,坚决克服唯分数、唯升学、唯文凭、唯论文、唯帽子的顽瘴痼疾,从根本上解决教育评价指挥棒问题。

习近平总书记还进一步强调我们的教育要在理想信念上下功夫、要在品德修养上下功夫、要在综合素质上下功夫。习近平总书记的讲话为我国的教育事业指明了努力方向。综合素质是新时代高校人才培养的重中之重,而心理素质又是人的综合素质中最基础、最重要的一部分。高校出现的大学生伤人伤己事件,背后大都存在不同程度的心理问题。前几年的药家鑫事件、林森浩投毒案和大学生伤熊事件,到近几年的北大学子吴谢宇弑母案和网贷大学生自杀案例,给社会带来了很多负面影响的同时,也给我国现行的教育管理工作上了沉重的一课,一次次引发了广大教育者对大学生心理素质的关注。以吴谢宇为例,其以中考全校第一名的成绩进入高中,并在三年后被北大提前批录取,大学期间也多次拿到奖学金。这么一名“天才学霸”,让我们很难和弑母联系在一起,然而事实是,其不仅是杀人真凶而且食色成瘾。吴谢宇事件使得心理健康教育日益得到关注和倡导。

3. “互联网+”提供新契机

伴随着网络的普及化,我国高校心理育人工作搭上了“互联网+”这艘航船。利用信息通信技术、互联网平台等媒介,让互联网与高校心理育人工作进行深度融合,创造出新的、有价值的育人模式。“互联网+”为高校心理育人注入了新鲜血液,突破了传统的育人模式。网络新媒体“两微一端”,成为大学生接受信息和传递信息的重要渠道。和以往大学生被动接受信息相比,网络平台给他们提供了发声的另外渠道,同时也为心育工作者打开了通往学生心灵的窗户。当代大学生喜欢在互联网上关注一些社会热点问题,转发一些优质文章,分享自己的生活和思想感悟。透过大学生在互联网的发声,学校和教师能够及时掌握大学生的思想动态,能够对大学生的思维和行为特点产生更加深刻认识,从而精准施教,提高心理育人的实效性。根据学生获取信息的特点，许多高校开通了心理健康教育微信公众平台和心理健康教育官方微博、官方网站，定期发布心理健康教育的优质文章，不断传播正能量，吸引了一大批学生粉丝，为高校心理育人工作创造了浓厚的学习氛围。“互联网＋”背景下，大数据分析处理技术可以帮助学校对大学生在不同时期的心理健康状态进行追踪和记录，为大学生的心理建档工作提供了极大的便捷。互联网时代信息传递的及时性，突破了时间和空间的限制，只要大学生有需要，随时随地可以获得心理健康教育的相关知识，提高了心育工作的及时性和便捷性。总之，在社会主义新时代背景下“互联网＋”为高校心理育人提供了新的契机。

（二）面临的挑战

1. 供给和需求的矛盾

新时代科学技术突飞猛进，社会主义现代化建设空前提高，新鲜事物不断涌现，人们在享受着科技和网络发展带来的便捷和舒适的同时，工作和学习上所要面对的问题则是更加复杂，充满挑战性，对个人的体力、脑力尤其是毅力、耐力和心理承受力提出了更高要求。社会快速变化过程中的多元文化冲突、数字化生活方式等，日益使青年大学生感受着“全方位多层次宽领域”力量的挤压；对社会快速变化的茫然和不适、生命意义的失落和无价值感、价值观念的冲突矛盾、思维方式的自我中心主义倾向，开始成为当前大学生感到迷茫、空虚、焦躁、郁闷的多维因素。新时代的大学生不仅要拥有强健的体魄、精湛的技术、科学的三观，还要拥有超高的情商，强大的心理素质。因此，高校的心理育人工作不能仅停留在心理疾病的预防和治疗上，而是要在对大学生心理素质的增强、心理品质的塑造、社会适应能力的锻炼等方面下功夫，以契合新时代大学生发展、成才的需要。

尽管人们已经深刻意识到这一点，但是目前高校心理育人条件还远远满足不了学生的发展需要。首先体现在师资力量配备方面，大部分心育教师是“半路出家”，经过简单培训就上岗，无论是从数量上还是质量上都和实际需要相差甚远。在工作模式上，某些高校把心理咨询和大学生心理健康教育公开课当作心理育人的主阵地，心理咨询则往往把帮助对象限制在了少数有心理问题的学生；而心理健康教育公开课中，教师成了知识的简单“搬运工”。在工作理念上，部分高校以学生心理问题的解决，校园的安定、和谐、不出事为目标，对提高大学生的心理素质、优化心理品质，缺乏足够的重视。高校的心理育人工作，无论是在队伍建设还是教育内容、工作模式上，都和学生的成长成才需求存在较大的差距，还难以承担起新时代高校心理育人工作的任务和使命。当前,高校心理育人工作中存在着育人对象心理问题成因的多维性与方法手段孤立性之间的矛盾;育人目标复合性、高标准与育人队伍实际能力不足之间的矛盾;“三全育人”的整体格局与相关机构心理育人意识能力欠缺之间的矛盾,限制和阻碍了新时代高校心理育人工作的有效开展。新时代大学生肩负着中华民族伟大复兴的重大责任和使命,高校心理育人要迎合学生的需求和时代的要求,致力于把大学生培养成自由而全面发展的时代新人。高校心理育人工作要不断地改革现有体制,重新制定育人策略,树立立德树人的教育理念,从而充分发挥其育人功能。

2. 虚拟和现实的矛盾

网络是把双刃剑,在为新时代高校心理育人工作带来活力的同时,也带来了很多风险。一方面,网络打开了大学生和外部世界的通道,社会上很多不良风气通过网络能够迅速渗透到大学校园,比如,拜金主义、享乐主义和奢靡之风等,对大学生产生了很多负面影响;另一方面,由于网络的虚拟性,现实社会中受法律和规章制度“硬约束”和道德“软约束”的制约,大学生不能说、不敢说、不能做、不敢做的(比如:攻击、谩骂、暴力等)在虚拟的网络世界中则变得肆无忌惮,一度造成网络环境的乌烟瘴气。某些大学生沉迷于网络社交和网络游戏来弥补现实的空虚和寂寞,他们在网络上通常能够释放天性,畅所欲言,但是在现实生活中却和周围的一切格格不入,导致大学生“虚拟”和“现实”的混乱和错位,在虚拟和现实的切换中发生双重人格冲突。

随着智能机的诞生,我们每个人都是信息的接收器和发射器,海量信息铺天盖地地向我们袭来。网络环境越来越商业化,淫秽、色情、暴力、欺诈、迷信等负面内容存在于互联网上。大学生心智还没有完全成熟,缺乏对不良信息的鉴别力,网络垃圾信息容易弱化大学生的是非观念、道德意识和社会责任感,造成价值观混乱。高校学生的思想、行为、生活复杂化的趋向日益明显,价值取向呈现多元性和不稳定性,如何占据网络的制高点,引领风清气正、理性平和的网络环境,是新时代高校心理育人工作必须克服的难题。

网络平台充斥着各种各样的心理测验量表,大部分都是没有经过严格的信效度检验,凭借主观臆想、胡编滥造的心理伪量表,来吸引学生进行心理测试,对结果的解释也是不科学、不严谨的,很容易对大学生造成误导。为了吸引流量,某些媒体报道了一些大学生自杀或者伤人的负面案例,无形中会给部分心智尚未成熟的大学生带来影响。网络心理咨询近几年开始流行起来,尽管网络心理咨询具有及时性强、方便快捷的特点，但是严格来说咨询师和来访者不能构成良好的咨访关系，仅仅透过冰冷的文字，而没有对来访者态度、表情、肢体语言的把握，是难以准确判断的，这具有很大的随意性。信息时代给高校心理育人工作带来机遇的同时，也带来了一系列的问题，如何利用好网络这把双刃剑是新时代高校育人工作必须面对和解决的问题。

二、新时代高校提升心理育人质量的任务与要求

在新的社会历史时期下，全面认识、科学把握高校心育工作所肩具的任务，从而对高校心理育人工作提出更高的要求，是新时代高校提升心理育人质量的关键和基础。只有不断完善心育主渠道、整合心育师资力量、优化心育载体、夯实心育理论基础，充分挖掘蕴含在其中的育人要素，才能科学有效地实现其育人功能，从而提升心育质量。

（一）完善心育主渠道，加强课程建设

大学生心理健康教育课程由一门个别学校开设的选修课，发展至今，成为每个大学生的必修课，其背后折射出来的是社会的变化、教育对象的变化、教育理念的变化。

课堂教学是高校心理育人的主渠道和根本战略基地，传统心育课堂继承了说教式的理论灌输，不能适应新时代高校心理育人工作的教学目标和任务及大学生的实际需要，难以取得应有的育人效果。心理健康教育课程有别于其他课程，知识的积累是必要的，但对大学生心理素质的培养、心理品质的塑造、思想境界的提升是其根本任务。新时代对大学生综合素质提出了新的要求，同样对心育课堂提出了新的任务和要求。

1. 充分发挥大学生的主体性

教育注定是一个双向互动的过程——教师与学生在媒介和环境的作用下，双向交流、互相作用的过程，是基于人类独有的意识特性。大学生的主体性表现为基于自身需要，对所获得的教育内容、方式、方法等，做出自主性的选择、判断和取舍，及创造性的发展和转化。大学生是高校心育的对象，是有思想、有意识的个体，不是被动学习的机器，在课堂学习中，要鼓励他们和教师、同学互动交流，勇敢地表达和质疑，积极分享自己的心理成长历程，在交流中认识自己和他人，在传播正能量

的同时提高他们课堂主人翁意识。

2. 精准施教,心育内容和学生需求相符合

心育工作要面向全体学生,研究当前大学生普遍困惑和发展需求,合理安排教学内容。聚焦当前大学生普遍关注的问题,从社会生活中获取教学素材,关注社会热点问题并给予心理学角度的评价和解释,培养当代大学生的心理素养,从而使整个教学过程贴近大学生生活,而不是束之高阁的学术理论。心育课堂要注重学生的情感体验,应该主动创设情境,让学生感受焦虑、压力的产生和释放过程,从中获得启发。心育教师在教学中要具有主动性,通过对教育方式方法的主导,积极调整教育内容设计,掌控教育教学效果。教育者要注重大学生的个性培养,要做到“因材施教”。“材”是指大学生不同的个性心理特征,“因材施教”就是承认差异、尊重差异,结合大学生的心理需求,采取不同的教育方法,有的放矢地对他们进行心理健康教育。

3. 成立各级心育教学指导委员会

当前,很多高校的心理健康教育课程尽管已经开展,但是各个高校并没有固定统一的教材,课程设置专业度不高,充满随意性。课程的开设并不是心理育人工作目的,通过完善课程设置实现良好的心理育人效果才是其根本。因此,各个高校要重视心理健康教育课程的规范化和专业化建设。几乎所有的大类课程都有相应的教学指导委员会(简称教指委),大学生心理健康教育课程是每个大学生的必修课,理应成立教指委,以规范、指导、督查课程建设,从宏观上把控课程建设的方向,解决重大的、有共性的课程教学问题,推进课程的顺利发展。只有这样,心理健康教育课程建设才有保障,才能发挥课堂育人的最大价值。

(二)整合心育师资力量,加强队伍建设

1. 规范心育专职教师的评聘制度

我国心理健康教育在师资力量上和欧美国家差距较大。在西方发达国家,若想成为一名心理教师,需要拥有心理学相关专业的学术背景并且取得博士学位,而且需考取心理咨询师执照,经历很长的实习期才能正式上岗。我国心理健康教育是在思想政治教育中孕育而生的,早期高校心理健康教育工作者主要来自思政队伍,并且师生配比的数量难以达到国家标准(1∶4000),拥有心理咨询资质的专职心理辅导员更为稀缺,没有接受过一定的心理学知识培训的辅导员、班主任或是相

关教职工，容易将心理健康教育工作等同于思想政治教育工作，因此，心理健康教育效果并不理想。伴随着心理健康教育专业化的建设，一大批纯心理学背景的专业人士加入心育队伍中来。我国心育工作不能盲目强调教师的心理学专业背景，必须结合我国实际，培养一批既有心理学专业技能又有较高德育素养的教师。中国高校的心理健康教育与西方发达国家相比，有共性也有其特殊性，共性表现在对教师的综合能力要求较高，需要严格的准入制度；特殊性在于中国高校心理健康教育还肩负思想引导的任务，对从业人员的要求会更高，既要有心理咨询师资格，又要精通思想政治工作。为了保障我国心理育人工作的质量，我国心育教师的准入门槛需提高。首先，硕士研究生应为其最低学历要求，而且最好是拥有思想政治教育专业和心理健康教育专业双背景的高层次人才；其次，应聘者需经过系统培训取得相应的资格证书且具备一年以上的实习经验；最后，用人单位需规范聘任制度和流程，层层把关。心理育人工作的实效是很难用数字来量化的，因此在实际工作中要规范心育教师的绩效考核，不以论文发表和学生课程及格率作为评价指标，要把关注点放在学生心理素质的提高和消极心态的积极转变，以及教师的学习进修和心育研究成果上，从各个方面制定综合考核标准。

2. 给予在岗心育教师定期培训和督导

“水之积也不厚，则其负大舟也无力。”习近平总书记曾多次指出：“传道者自己首先要明道、信道”，要“有理想信念、有道德情操、有扎实学识、有仁爱之心”。

教师是“立教之本、兴教之源”，他们的心理素质、政治素养、业务能力、育人水平，直接影响着心理育人实效。

心育工作者自身的人格魅力和马克思主义理论素养是影响心育效果的重要因素。由于心理育人职能的专业性和原有工作方式方法的惯性与定势，心理健康教育相关部门育人意识与能力不足，专业课教师的育人意识和能力有待提升。心育工作者要拥有积极乐观的心态，优良的心理品质和高尚的人格，在潜移默化中影响学生。这些优良品质也是需要系统培训和学习才能习得的，教师有必要定期参加培训和进修，不断提升自身的人格魅力和专业素养。当前在职心育工作教师，尤其是兼职教师，有些不具备扎实的专业功底，缺乏系统的心理健康教育工作培训，甚至对心育工作的目标和理念含糊不清，对学生心理问题的解决要么采用一般思想政治工作的方法，要么采用纯粹的心理学技术，导致心育工作缺乏科学性和有效性。由于学生心理问题的复杂性和多变性，有必要对高校心育教师定期展开培训，对思政背景的教师展开心理咨询技术和方法的培训；而对心理学背景的教师则进行马克思主义理论、社会主义核心价值观的熏陶,提高他们专业技能的同时,转变他们看待问题的视角。同时,在教师培训过程中,应更多地采取实践模拟的方式,加强实践经验考核,如此才能更好地培养出契合中国人心理需求、素质过硬的专业化从业人员。

3. 形成全员参与的育人合力

高校心理健康教育是一项需要全体教职工积极配合的综合性工作。从高校的实际情况来看,心育工作并未在全体教职工中形成浓厚的心理健康教育意识和氛围。因此,要切实建设一支以专职教师为主,兼职教师为辅,各个部门全员参与的心理育人工作队伍。各个高校要定期开展针对全体教职工的心理健康教育课程,提高全体教职工的心理素质和德育素养,让他们在学习中不断受益,从而意识到心理健康教育的重要性,进而挖掘其所授课程中包含的心育要素,有意识地对大学生产生影响。高校心理育人工作,不仅需要紧密协同自身系统的诸要素,发挥其不可或缺的独特功能,还应该紧密协同其他教育系统及相关社会支持系统,形成彼此合作、优势互补的关系。学生服务和管理部门的教师,要充分利用工作的每一个环节对大学生进行潜移默化的影响,比如,招生就业处的教师可以协同心理健康教育教师开办职业生涯规划讲座,来缓解大学生的就业压力;有条件的高校可以任聘心理学背景的宿舍管理员,实现把"心理教师"带回"家"的工作布局;在医疗卫生服务中,校医可以协同心理健康教育中心制订心理健康教育教学计划,开展常见精神障碍的预防和识别教育,增强师生心理健康意识等。要贯彻落实"全员育人"的教育方针,只有充分调动学校全体教职工、各个部门参与心育工作的热情,才能增加育人力量、形成育人氛围、达到育人效果。

(三)优化心育途径,加强载体建设

1. 优化心理咨询模式,增加育人意识

如果说心育工作的课程教学侧重于解决大学生的共性问题,那么心理咨询则偏重解决大学生的个别问题,心理咨询在高校心育工作中发挥着不可替代的作用。我国正式的心理咨询工作起源于综合医院的心理门诊,这是长期以来高校心理咨询受到医学模式影响的重要原因之一。新时代的大学生思维活跃、追求个性、价值观呈现多元化倾向,传统的"你病我医"的咨询模式已经不能适应当代大学生的需要,应该在与德育结合过程中寻找出路。这就要求咨询师在解决学生具体心理问题的同时,积极关注其思想动态,挖掘学生心理问题背后的思想观念和价值取向,从源头上加以矫正。习近平总书记反复强调,“要对青年学生加强理想信念教育,理想信念不坚定,精神上就会缺钙,就会得软骨病”。

心育工作者需对大学生进行精神补钙,加强理想信念教育和社会主义核心价值观教育,做出价值评价和引导。世界观和人生观是个体心理和行为的最高调节器,是维护心理健康、防止心理异常的根本条件,理想信念是大学生人生航船的指南针,是面对困难和挫折的“护心服”。心理咨询师作为心理咨询的主导者,要学会用辩证唯物主义和历史唯物主义的立场、观点武装头脑,以马克思主义理论和方法指导实践,不断提升自身的德育素养,对来访大学生进行价值判断和价值干预,在解决大学生具体心理问题的同时,让他们能够正确对待人生道路上的逆境、荣辱得失,从而保持精神上的豁达和乐观。

2. 完善心育互联网平台

高校心理育人工作,不仅要深入研究心育网络平台的运作机制,不断开发在线心理讲堂、心理咨询、心理互动模块,还要对心育教师进行网络心理育人技能培训,加强教师对各类媒体平台的了解与运用。针对大学生开设线下媒介素养相关课程,进一步提升大学生获取信息、筛选信息、分析信息、传播信息的能力。高校需聘请互联网专业背景的教师负责心育网络平台的搭建,并由专职心育教师负责信息的传播。校园心理健康教育官方微信公众号、官方网站、官方微博要及时更新,充分利用网络传播的及时性和广泛性开展心理健康教育。心育工作者要严格执行“信息把关人”的任务,传播高质量的符合大学生身心发展需求的心育课程和文章,传播以社会主义核心价值观为代表的当代正能量,逐步赢得意识形态工作的主动权、话语权,控制网络舆论风向,营造风清气正的网络环境。

3. 规范开展形式多样的心理育人实践活动

实践是认识的来源,是认识发展的动力,同时是能力提升的重要途径。现代心理学理论认为,培养人的心理活动离不开客观世界,认识来自主体与客体的互相作用,而行为活动则是认识的桥梁。高校一方面要加强对现有心育活动,如“我爱我”心理健康节的组织监管力度;另一方面要联合政府和企业开展形式多样的社会心理实践活动。比如,派遣大学生到贫困山区支教,让他们在艰苦的支教生活中磨炼自己的意志,激发艰苦奋斗的精神,提高应变能力和心理素质;也可以组织大学生到精神病院做志愿者活动,让他们在和病人接触中,了解精神异常对人身心造成的痛苦和伤害,从而使个体对心理健康的重要意义产生更加深刻的认识。在和医护人员的互动交流中可以学习维护增进精神健康的常识,从而提高他们对自身心理健康的关注和重视。实践是认识的来源和基础,只有开展形式多样的社会心理实践活动,让大学生在亲身体验中获得心灵的洗礼,才能激发大学生的主观能动性,自主地去探索心灵的奥秘,改变大学生在心育课堂上被动接受的现状。

(四)综合多学科,加强心育的理论支撑

1. 挖掘心育积极理念

积极心理学在人本主义思潮的影响下、客观社会环境的呼唤下应运而生,认为心理学不应该"过分关注"人类各种负面消极的心理问题,需要对人类的潜能、力量、美德、优势这些积极的因素进行研究。积极心理学主张,研究心理学应当以个体本身潜在的、具有建设性的优势和美德为出发点,从而帮助个体最大限度地挖掘自己的潜力并获得良好的生活。

积极心理学把工作重心,从消极预防转移到促进个体成长的积极力量,以及使得生命更有意义的美好事物的研究上。高校心理育人工作应当借鉴积极心理学的思路,倡导从积极的角度诠释大学生的心理问题,以积极的方式去帮助大学生解决问题,致力于让大学生在受教育中能够产生积极的体验感受,从而改变他们对传统心理健康教育的消极态度。心育工作者要善于观察大学生自身潜在的善良、幽默、自信、勇敢等积极人格特质,相信他们有能力克服当前的心理问题,并通过激励性言语鼓励大学生进行心理自助,伴随着问题的不断解决,大学生的自我效能感也会不断提高,从而进一步提高面对挫折的勇气和信心。理性情绪疗法的治疗思路是改变来访者的不合理认知,因为问题事件本身不会对人们造成心理困扰,人们对事件的不合理解释和消极态度是引发心理危机的主要原因。"塞翁失马,焉知非福",积极心理学强调以积极的态度面对生活中各种难题,在实际工作中要促使大学生能够对生活中各种挫折做出积极的解释,比如,"失败是成功之母""吃一堑、长一智""有压力才会有动力"等,这种持续积极的心理暗示,可以有效地帮助个体成长与发展,从而使个体身心达到最佳状态。

2. 赋予心育哲学智慧

哲学是关于世界观的学问,我国学者在德育和心育的关系问题上众说纷纭,很大程度上是因为缺乏深邃哲学思考,对立统一规律为我们辩证地看待二者的关系提供了方法。心理健康教育从某种程度上说,是生活哲学的教育问题,要求心育教师无论是在心理咨询还是课堂授课中,都要以辩证唯物主义哲学的立场、观点和方

法为指导，并在重大概念和原理的阐述上，尽可能体现这一思想。世界观、人生观、价值观出现问题是相当一部分大学生心理健康问题的根源或诱因。当代大学生如果能够用马克思主义哲学的立场、观点、方法武装头脑，灵活运用辩证唯物主义哲学，并使其内化成为一种素养，一种自动起作用的为人处世的立场、观点和方法，大学生就会自觉地一切从实际出发，实事求是，就会用联系的、发展的、全面的观点，而不是孤立的、静止的、片面的观点来看待生活中和学习上遇到的各种问题。大学生灵活运用矛盾的对立统一规律处理问题时，能自觉对自身存在的一些不合理信念，如“绝对化要求”“过分概括化”“糟糕至极”，进行及时纠正，避免产生不必要的心理危机，从而使自己拥有稳定的情绪和健康的心态。高校心理育人工作应当把辩证唯物主义哲学作为理论基础，不仅可以在心理健康教育的重大理论问题的探讨上拥有哲学依据，而且可以培养教师和大学生的哲学素养，用哲学的智慧帮助大学生处理人际关系、社会适应、情绪调节等一系列问题。

三、新时代高校提升心理育人质量的思路与举措

从根本上解决当前高校心理育人工作所存在的问题，切实提高高校心理育人质量，仅通过加强和完善课程建设、队伍建设、载体建设等微观层面进行推进，是远远不够的，需要从宏观层面整体把握。

（一）明确心育理念，实现“育心”向“育人”的转化

高校心理健康教育在我国发展以来，尽管相关政策文件和众多理论研究明确规定了心理健康教育的育人使命，但在实际育人工作中却常常发生偏离。由于众多主观条件和客观条件的限制，高校心理健康教育仍然局限于以心理预防和治疗为侧重点，以提高大学生的心理素质为目标的“育心”层面。心理育人，要求心育工作不能仅着眼于心理健康教育的基础层面，即个体心理的健康和完善，而要以培养综合素质全面发展的人为目标，站在为党育人、为国育才的高度，组织和开展心理健康教育，实现由“育心”向“育人”的转化。

在个人层面，心理健康是大学生成长、成才的必要条件，而非充分条件。因此，广大心育工作者要牢固树立培养综合素质全面发展的人的育人理念，不能仅仅停留在对大学生心理素质的提高和心理品质的优化上，要结合大学生成长、成才的其他必要条件，如能力、思想、价值观等诸多因素开展育人工作。在课堂教学或者心

理咨询中要注重技能的传授、心理品质的塑造和潜能的开发,用发展性思维代替矫治思维。在社会层面,心理育人以培养国家富强、民族复兴所需的时代新人为目标,肩负着培养社会主义合格建设者和可靠接班人的使命。因此,广大心育工作者首先要研究党和国家的大政方针,认真学习和贯彻落实十九大精神,以现阶段国家、社会对时代新人为要求,使广大心育工作者有一个清晰的认识,并以此为育人标准,不断地改进和完善心育工作。其次把社会主义核心价值观融入心育的各个环节,把个人喜怒哀乐和国家兴衰有机关联,注重培养学生的家国情怀。最后要充分认识个体心理和谐与社会和谐的关系,不断挖掘心理育人的社会属性,充分发挥心理育人对构建社会主义和谐社会的价值和意义。

(二)尊重德育和心育的独特性,把握好二者的契合点

德育和心育关系的探讨,伴随了心理育人发展的始终,在目前仍然是学术界的热点问题。尽管我国高校心理健康教育是在德育的大背景下提出来的,教育部相关文件已经明确规定了心理健康教育的德育属性,但是由于心理健康教育和思想政治教育属于不同的学科类别,理论根基、方法途径、工作目标各有侧重,导致学术界对二者的关系一直存有争议。但学者普遍认同的观点是心理健康教育和思想政治教育既有区别又有联系,既有相互独立的一部分,又有相互交叉的一部分,不能将二者同一而论,也不能将二者完全割裂开来。在实际育人工作中,为实现二者有效融合,该如何发挥二者优势互补的作用,是高校心理育人亟待解决的问题。

心理健康教育和思想政治教育在学科类别、理论根基、方法途径、工作目标上存在差异。心理健康教育以心理学为其主要理论依据,以解决大学生的心理问题、提高他们的心理素质为工作重点;思想政治教育以马克思主义基本原理和中国特色社会主义重大方针政策为指导思想,以提高大学生的思想品德和政治素养为目标。除此之外,二者在具体工作内容上也存在差异,比如,心理健康教育特有的心理危机干预、心理测试、心理咨询、思想政治教育、法律基本常识教育、社会主义意识形态教育。这就要求二者在融合中保持各自的相对独立性,不能混为一谈。但同时,二者所研究和实践的领域又具有交叉性。高校思想政治教育和心理健康教育都是对大学生意识层面的教育,虽然心理和思想属于意识的不同层面,在作用机制上却是相互影响和制约的。大学生的心理问题和思想问题是交织在一起的,他们在成长过程中出现的抑郁、焦虑、强迫等现象,看似“心理”问题,背后可能隐藏着理想信念不坚定、艰苦奋斗精神不足、团结协作意识欠缺等思想问题,单纯依靠思

想政治教育或心理健康教育很难从根本上解决问题,需要把二者有机地融合起来。心理健康教育的发展性教育内容,如优化心理品质、提升心理素质、塑造健全人格、促进全面发展,与思想政治教育内容和理念高度契合。育人工作者要把握好这一契合点,实现二者在理念、方法、目标、载体上的融合,充分发挥二者优势互补的作用。

(三)尊重规律,提高心理育人的科学性和实效性

规律是物质运动过程本身所固有的、本质的、必然的联系。规律是客观的、绝对的、不以人意志为转移的,人们不能主观地去创造规律或者改变和消灭规律,在一切实践过程中必须按规律办事,否则就会遭遇挫折和失败。在高校的心理育人工作中,一定要尊重学生身心发展规律、教育教学规律进行教材的编写、课程的设置和活动安排,在大学生成长的不同阶段,合理安排不同的心育内容,采用不同的心育方法。《学记》里有句名言“杂施而不孙,则坏乱而不修”,强调循序渐进的重要性,在心育教学中要遵循循序渐进的规律,对学生心理问题的解决和心理素质的培养,不能揠苗助长。从最基础的心理健康知识的积累,到生活中具体问题的解决,再到对心理调节技术的灵活运用及最终心理素质和思想境界的提高,不是一朝一夕的事情,无论是心育工作者还是大学生都要做好打持久战的准备。如果不注重学生现实问题的解决,一味地强调提升学生的心理素质就好比纸上谈兵。要尊重学生身心发展的个体差异性,防止“一刀切”的教育模式。大学生来自祖国的不同省份、不同民族,拥有不同的家庭背景和成长经历,身心发展水平参差不齐,遭遇相同的事情可能会产生截然相反的体验和感受。

如果心育教师对他们的个性特点不加区别,采用相同的教育方式,就可能“牛头不对马嘴”,影响育人工作的实际效果。差异性不仅表现在同一群体中的不同个体,还表现在不同历史时期的不同群体。比如,二十世纪七八十年代的大学生和当代大学生,由于生活的社会环境不同,世界观、人生观和价值观就存在明显差异。心育工作如果简单沿袭传统育人模式,不能结合当代大学生的身心发展规律和个性特点,盲目开展教育和教学活动,势必不能取得理想效果。

虽然规律是客观的、不以人的意志为转移的,但不代表人们在规律面前无能为力。人们可以在实践中不断地发挥主观能动性,去发现、研究规律并利用规律去更好地指导实践。高校心育工作者要在心理健康教育工作实践中,积极探索规律、不断总结经验,针对大学生身心发展阶段性的特点,制定不同的阶段性心育目标。比

如,对低年级的大学生侧重环境适应、人际交往、情绪调节方面的教育,对高年级的大学生侧重职业规划、压力疏解、婚恋问题等方面的教育;面对大学生身心发展规律中表现出来的个体差异性,为他们制定不同的具体心育目标,在心理咨询中采用不同的方法和策略;高校心育工作者要用心感受大学生内心的成长变化规律,用动态发展的眼光看待大学生心理和思想问题,切勿断章取义、胡乱贴标签。

总之,高校心理育人工作要尊重教育教学规律和大学生身心发展规律,善于总结和发现规律,学会利用规律指导心理育人实践。只有按规律办事,高校心理育人工作才有科学依据,才能最大限度地发挥育人效果。

(四)发展中国特色,做好本土化研究

高校心理育人的本土化,是指以我国本土社会历史的政治、经济、文化为依托,借鉴吸收国外心理健康教育方法理念的精华,并对其进行符合中国人的思维模式和行为特点的改造,从而纳入我国本土的心理健康教育的过程。我国对心理健康教育的研究,根植于中国传统的哲学、医学、教育学思想之中,甚至可以追溯到孔孟时期,只是当时没有心理健康教育这一称呼,而且比较碎片化,不成体系。在学科建立之初,为了让我国的心理健康教育在发展中少走弯路,适当地吸纳国外优秀的心理健康教育理念模式为我所用,是非常必要的。但在吸收和借鉴的过程中,不要失去自身的特色,如果只是简单的"拿来主义"就会忽略了民族文化的差异,从而造成严重的"水土不服"现象。在借鉴西方国家心理学相关理论的同时,要看到它所附带的浓厚西方文化色彩和社会特征,使它适应中国社会文化背景和国人身心发展特点,就存在一个改进、消化、吸收、"洋为中用"的本土化过程。

在德育的总体框架下,以立德树人为目标,坚持育心育德相融合的方法开展心理健康教育,是我国高校心理健康教育的本土特色,这和我国传统文化注重德育是分不开的。我国自古以来就有尚德思想,德才兼备是对人才的重要评价标准。我国教育原则第一条就是德育为先,心理健康教育发展之初就是在提高德育工作实效的背景下提出的。事实证明德育、心育相融合的育人模式,符合我国社会历史发展现状和当代大学生的身心发展特点。我们在借鉴吸收外来心理健康教育理念和模式的过程中,要结合我国高校心理健康教育的实情,顺应我国高校的心理育人模式。比如,我国高校心理咨询中用"价值干预"代替西方心理咨询中的"价值中立",更加注重思想层面的引导。在心育整个教育教学理念中,相对西方纯粹的个体性倾向,也会注重社会性倾向,比如,在实际心育工作中,在满足学生心理需求的基础

上，教师会有意识地进行社会主义核心价值观教育、理想信念教育，不仅重视大学生的个体心理环境，也非常注重整个社会的精神风貌。

除此之外，要注重挖掘我国传统历史文化中所蕴含的育心思想，从中吸取养分。在对历史文化的研究中，发现国人特殊心理特点、思维模式、行为习惯，从而开创新的、具有中国特色的心理健康教育模式和方法。

（五）紧跟时代步伐，在创新中谋发展

十八大以来，我国社会主义经济发展迅速、文化空前繁荣、国际话语权大大提高，社会主要矛盾发生了变化，我国社会主义发展进入新时代，表现出新的时代特征。高校的心理育人工作经过多年的艰难历程，取得了长足的发展，大学生从最开始抵触心理健康教育，到如今愿意主动寻求帮助，折射出新时代大学生对高校心理育人工作的认可，以及他们思想、观念上的巨大进步；高校心育工作从以治愈学生心理疾病为重点，到以促进大学生的全面发展为目标，表明我国高校心理育人紧跟时代步伐，时刻以学生的成长成才为导向，以培养社会主义建设者和接班人为根本任务，不断地落实素质教育理念，积极地发挥育人功能。社会主义建设进入了新时代，高校心理育人工作面临着新的任务和挑战，高校心理育人要在不断创新中谋发展。

我国心理健康教育工作模式，很大程度上存在对西方发达国家的借鉴，如心理咨询、团体辅导、心理测量等。在实际工作中也会借鉴传统德育的工作模式，如课堂理论灌输、设立奖罚机制等。一方面是因为我国心理健康教育学科起步较晚，另一方面是我国高校比较重视心育工作的专业化、科学性和实效性研究，创新意识略显不足。莎士比亚曾经说过："推陈出新，是我的无上诀窍"。只要我们拥有创新的思维和不怕困难的勇气，相信我们的心理育人工作也会取得长足的进步。高校心理育人工作应该从多个层次、多个角度出发，坚持与高校实际情况相适应、与发展要求相符合的原则，在原有模式的基础上不断推陈出新。例如，有些高校在借鉴传统的面对面心理咨询模式基础上，对线上心理咨询伦理规范和制度要求进行研究，尝试开通线上心理咨询服务。这种心理咨询创新模式如果利用得当，不但可以提高咨询的及时性、便捷性，而且很好地保护了来访学生的隐私，避免了面对面咨询的尴尬；有些高校通过校园微信公众号，开发了"树洞"小程序，给大学生提供了随时随地的情感宣泄渠道，在匿名分享自己情感的同时，也能了解倾听他人成长中的问题、烦恼、困惑，从而更好地审视自己。在心育实践中，不仅要注重大学生个体的

发展，还需进一步提升育心的社会性功能。心育工作如果与我们的社会意识形态相脱离，很容易导致极端个人主义倾向，这与培养道德高尚、政治清明、理想信念坚定、心理素质过硬的社会主义建设者和接班人的育人目标相脱节。在整个心育过程中要与时俱进，注重教育内容和理念的价值性、道德性、社会性，将个人快乐与社会发展相关联，使个体心灵与社会意识相交流，让大学生在对社会的责任、担当、奉献中，体悟幸福，感受快乐。

高校心理育人只有不断与时俱进，紧跟时代步伐，不断进行理论探索和实践创新，才能更好地发挥育人功能、提高育人质量，满足学生发展和社会进步的需要，为把我国建设成富强、民主、文明、和谐的社会主义现代化强国贡献应有力量。

第三章　大学生心理健康教育实施与探究

大学生正处于心理上的第二断乳期，对他们的心理发展需要及时地引导和调适。高校开展心理健康教育，对提高大学生的心理健康水平具有重要意义。心理健康师资建设是高校心理健康教育创新发展的基本保障。积极心理学视野下大学生心理健康教师应具备的素质，以及目前高校心理健康教师存在的师资力量不足、职业倦怠普遍、教育理念滞后等问题，高校应加强心理健康教师专业化发展，提升其工作满意度，优化心理健康教师人格品质，提升积极心理资本，改进教学理念和教学方法，最终提升教学效果。同时，本章详细阐述了大学生心理健康教育的实施及大学生心理健康教育实施的重要技术方法等相关内容。

第一节　大学生心理健康教育实施的具体内容

一、大学生心理健康教育机制全面建设

开展大学生心理健康教育势在必行。大学生心理健康教育是一个系统的工程，也是高校思想政治工作体系的重要组成部分，应协调各方面因素，建立科学的管理、预防、应对、保障为一体的心理健康教育机制，全面提升大学生心理健康教育水平。

一是将心理健康教育纳入教育培养体系。让受教育者拥有健康的心理、基本的社会公德和正常的人格，这是教育的基础和底线。在美国，早有专家指出，没有受过心理学教育的人，不算受过高等教育。我国教育部办公厅 2011 年印发了《普通高等学校学生心理健康教育课程教学基本要求》的通知，明确要求各高校结合本地区、本校的实际，制订科学、系统的教学大纲和教学计划，组织实施教育教学

活动。

二是建立大学生心理健康教育管理机制。学校应高度重视、切实加强对心理健康教育工作的领导,把心理健康教育工作纳入学校德育工作管理体系。应建立大学生心理健康教育工作领导机构,实行主管校领导负责,由校学生工作处处长担任主任,结合本地、本校的实际情况,制定本校大学生心理健康教育工作实施细则,设立大学生心理健康教育和咨询工作常设机构。建立大学生心理素质培养教研室,设立团体心理辅导训练场所,设立心理健康教育网站。

三是建立大学生心理健康教育预防机制。高校要积极建立大学生心理健康教育预防系统。首先建立发现排查系统。每年对大一新生开展心理健康调查,对有心理疾病倾向的大学生建立相关档案,主动约请他们到心理咨询中心进一步面谈排查。其次要以年级辅导员或各班班主任、学生骨干为主力,密切关注大学生特别是入学时被排查出的有心理疾病倾向的大学生的日常心理波动,发现情况及时上报。

学校的心理咨询中心要切实做好心理疾病预防工作,同时要加强与校外心理疾病治疗机构的沟通与合作,开设心理健康专题讲座等,努力降低心理疾病、心理事故发生率。此外,定期开展隐患排查,重点关注失恋学生、生病学生、特困生、学困生及有心理疾患的学生,以有效预防心理危机的发生。

四是建立大学生心理健康教育应对机制。学校要积极建立大学生心理健康教育应对机制。可开展心理辅导或咨询工作,有针对性地对学生提供经常、及时、有效的心理健康指导与服务,特别是要针对高校的特殊人群开展团体教育或辅导,这对有效处理与干预心理危机有重要作用。

对于大一新生,工作的重点应在指导他们适应大学环境,并根据提高大学生心理素质和促进成才的总体要求,进行心理咨询及心理危机干预。对于大学毕业生,开展就业心理指导咨询。每年对高年级学生进行职业能力测试和辅导,让其了解自己的职业兴趣和能力特长,即了解自己到底重视什么,喜欢做什么,能做什么,适合做什么,从而帮助学生在毕业求职择业时做出正确的选择。

五是建立大学生心理健康教育保障机制。心理健康教育的保障机制主要包括师资保障、科研保障、制度保障等。做好大学生心理健康教育工作,队伍建设是关键。

为了使大学生心理健康教育工作更加科学化、专业化,学校要努力建设一支以专职教师为骨干,专兼结合、相对稳定、素质较高的心理健康教育工作队伍。专职从事大学生心理健康教育工作的教师既要保证足够的数量，又必须具备较高的业务水平。学校应把对心理健康教育教师的培训工作列入师资培训计划，以提高师资的质量与水平；要重视对学生管理干部，特别是辅导员和班主任的培训，使他们在日常思想教育工作过程中帮助大学生解决一些心理问题，提高大学生的心理健康水平。

六是大力开展心理健康教育的理论和实践研究。为了使大学生心理健康教育工作更加科学化、专业化，学校应不断加强相应的投入，鼓励相关教师进行理论、方法和技术的研究工作。鼓励相关教师承担有关心理健康教育的科研项目，出版专著和教材，发表研究论文。要加大力度，制定心理健康教育的相关制度和规范，如心理咨询人员岗位职责、咨询教师值班制度、心理咨询员职业道德规范、班级心理委员职责、学生问题报告制度、责任追究制度及心理危机管理制度等。学校拨付学生心理健康教育工作专项经费，加强心理咨询室的场地、训练设备等硬件和软件建设。

二、大学生心理健康教育教学体系建设

高校应充分发挥课堂教学在大学生心理健康教育工作中的主渠道作用，根据心理健康教育的需要，建立或完善相应的课程体系。学校应开设必修课或必选课，给予相应学分，保证大学生在校期间普遍接受心理健康教育课程。高校应充分考虑大学生的心理发展规律和特点，科学规范大学生心理健康教育课程的教学内容，切实改进教育教学方法，应有专门的教学大纲或教学基本要求。教学内容设计应注重理论联系实际，力求贴近学生。应通过案例教学、体验活动、行为训练等多种形式提高课堂教学效果，通过教学研究和改革不断提升教学质量。

三、大学生心理健康教育活动体系建设

高校应面向全体大学生开展心理健康教育活动，不断创新心理健康教育活动形式，拓展心理健康教育途径，积极营造良好的心理健康教育氛围，培育心理文化。倡导“3・25 善爱我”“5・25 我爱我”主题心理健康教育系列活动，培育“阳光、感恩、坚韧、创新”的心理文化氛围。通过宣传画征集、校园现场心理咨询、心理话剧、心理诗朗诵、新媒体平台推送等活动，吸引大学生广泛参与，营造浓厚的校园心理

文化。应充分发挥广大大学生在心理健康教育工作中的主体作用,满足大学生自我成长的心理需要。应重视发挥班集体建设在大学生心理健康教育中的重要作用,支持大学生成立心理社团,组织开展心理健康教育活动,普及心理健康知识,充分调动大学生自我认识、自我教育、自我成长的积极性、主动性。

四、大学生心理咨询服务体系与心理危机预防与干预建设

高校应坚持以预防为主的原则,重视心理健康知识的普及宣传工作,充分发挥心理健康教育工作网络的作用,通过大一新生心理健康状况普查、心理危机定期排查等途径和方式,及时发现大学生中存在的心理危机情况。高校要对有较严重心理障碍的大学生予以重点关注,并根据心理状况及时加以疏导和干预。应加强对患精神疾病大学生康复及康复后的关注跟踪。

五、发挥高校朋辈心理辅导的作用

朋辈心理辅导又称为朋辈帮助、半专业咨询等。在高校开展朋辈心理辅导工作是指具有一定心理学知识和助人技能的大学生,在专业心理工作者指导下开展心理疏导和助人的过程。它的基本前提是:如果给予人们一些机会和指导,他们就有能力解决自己大部分问题。

朋辈心理辅导的理论依据主要是“以人为中心”的人本主义心理学和社会学理论。人本主义心理学家罗杰斯认为,如果我们能提供某种特定治疗关系,来访者将有能力运用这种关系来促进成长和改变,并得到进一步发展。重大、积极的人格改变只有在人际关系中才可能发生。大学生之间由于其群体相似性,更容易拉近心理距离,建立良好人际氛围。

开展朋辈心理辅导需要有一支有热心、有热情且素质高的大学生队伍,在学校心理咨询中心的指导下有序开展各项工作。为此,学校心理咨询中心采取统一招聘、统一面试的方式选拔优秀大学生担任班级心理委员,或者委托带班班主任严格根据学校心理咨询中心对心理委员选拔要求进行择优选拔,推荐到心理咨询中心。为了有效管理众多班级心理委员,也为了更好地促进学校心理咨询中心各项工作顺利进行,中心面向全校招聘一批综合表现优异的大学生,组建心理咨询中心骨干团队,培养各院系朋辈心理辅导员与班级心理委员一起开展班级心理工作。中心

组织学生心理团队即院级朋辈心理辅导员对接、指导和监督院系数个班级的心理委员工作。

朋辈心理辅导工作与专业心理咨询是相互联系的，二者都是服务于大学生心理健康教育工作的重要组成部分。虽然专业心理咨询和朋辈心理辅导在咨询目标、要求等方面存在一定差异，但是二者并不是相互独立的。因此，只有加强二者之间的相互联系和协作，才能有利于高校大学生心理健康教育和咨询工作的开展，进而促进大学生身心的健康成长。

六、大学生心理健康教育工作条件建设

高校应保障心理健康教育工作经费，并纳入学校预算，确保大学生心理健康教育的日常工作需要。高校应加强心理健康教育和咨询场地建设。心理健康教育和咨询场地的建设应符合大学生心理健康教育工作的特点和要求，能够满足大学生接受教育和咨询的需求。心理健康教育和咨询场地包括预约等候室、个体咨询室、团体辅导室、心理测评室等。

七、大学生心理健康课外教育活动

大学生心理健康课外教育活动的目标是让大学生在活动中自我探索，以便认识自我、调节自我、完善自我，并解决自己成长中的各种问题，诸如学习、交往、情绪调适、理想抱负等问题。这种自我探索主要不是靠教育者的灌输和说教，而是在帮助大学生发现自己的问题、找到解决问题办法的过程中实现的。学生只有经过自我探索，才会获得经验，才会得到真正意义上的成长。

心理健康课外教育活动需要充分发挥大学生的主体性，把大学生看成积极主动的健康心理的建构者。无视大学生的主体性就完全丧失了心理健康教育的根本，大学生只有发挥主体能动性才能更好地完成心理成长。一方面，如果活动缺少了大学生的自主性就很难开展，至少很难激发他们在活动中的学习动机。只有教师的讲授和心理学知识灌输，再好的心理健康理念也无法被大学生接受和运用。另一方面，从师生关系上来讲，课外教育活动是师生双方在民主、理解、尊重的心理环境中实施的，它要求教师给予所有大学生无条件的尊重、关注、理解和信任。

心理健康课外教育活动需要以个体的体验为载体，包括情感体验、价值体验和

行动体验。这些自我体验可以通过在活动中创设一定的情境,营造一定的氛围来实现。大学生从体验中获得有意义的东西,这就是感悟。可见,课外教育活动是一种自我教育活动,它没有说教和灌输等显性教育的痕迹,它可以通过大学生自己的体验和感悟,潜移默化地影响他们的成长。

心理健康课外教育活动的主题和目标是依据大学生一定的心理需求制定的,容易形成共识,为大学生所接受。大学生作为集体的一员,在活动中既是受助者,又是助人者。这种互助可以增进大学生对自信、自尊的体验,从而达到自助的目标。教师作为辅导者、团体的带领者,应该创设良好的集体舆论、和谐的人际关系、民主自由的气氛,来充分开发集体的教育资源,以利于这种良性机制的形成。

第二节　大学生心理健康教育实施的重要技术方法

一、大学生心理咨询

大学生心理咨询从学科性质上来看属于学校心理咨询,是咨询心理学原理在学校领域的具体运用。大学阶段是人生一个重要而特殊的阶段,既要适应社会对大学生的角色期望,也要适应大学的生活、学习和人际交往方式,除此还要着眼于自身能力发展、未来职业规划。对大学生来说,他们刚刚走出中学校门便要面对适应和发展的双重课题,既是成长契机,又暗藏危机。在此情况下,部分大学生出现了心理困扰或问题,如果不及时警觉并进行调整,不仅会阻碍大学生成长发展,严重时还会导致心理疾病。因此大学生应当具备心理求助意识和相关知识,在自我调节不能解决问题时,知道如何寻求专业人士的帮助。

(一)大学生心理咨询的主要内容

大学生心理咨询的内容十分广泛,涉及大学生生活的方方面面。以下从四个方面列举了大学生心理咨询的主要内容,这些内容之间往往相互交织。

(1)以校园适应为中心的咨询内容。这方面的内容包括:大一新生适应的心理问题、大学生学习的心理调适与帮助策略、大学生人际交往技巧与冲突处理、社团工作与学习冲突的协调等。

(2) 以成长发展为中心的咨询内容。这方面的内容包括:大学生情绪管理与指导、大学生压力管理与挫折应对、大学生恋爱与性心理问题、大学生职业生涯规划、大学生自我意识与人格培养等。

(3) 以特殊生活事件为中心的咨询内容。这方面的内容包括:由丧亲、失窃、受灾等重大负性事件、家庭经济困难、家庭关系不和谐等特殊事件所致的心理失衡。

(4) 以心理卫生为中心的咨询内容。这方面的内容是指大学生常见心理疾病的评估和护理,包括对具有心理疾患大学生的识别,以及配合医院做好该类大学生的后期护理和康复工作。

(二) 大学生心理咨询的求助误区

1. 有"病"的人才需要接受心理咨询

这里的"病"特指精神疾病。对心理咨询不了解的人,很容易将心理咨询跟精神疾病画上等号,认为只有那些心理不正常的人才需要接受心理咨询。这样的误解让人们要么对心理咨询避而远之,要么在不得已需要寻求心理咨询帮助时犹豫不决或遮遮掩掩,更有人对那些主动接受心理咨询帮助的人投去异样的目光。大多数时候,主动寻求心理咨询帮助的人们,不仅不像旁人认为的那样心理不正常、糟糕至极,反而是一群善于自察自省,面对问题积极寻找解决办法的人,有些人甚至还很优秀。正如这样一句话所描述的,许多运动场所很难看到体弱多病的人,而看到更多的是健美匀称的身形,心理咨询室也很难看到真正的精神疾病,而看到更多的是勇于成长的心灵。

2. 心理咨询师能窥视人的内心,知道对象的所思所想

这不仅是人们对心理咨询的误解,也是人们对心理学的误解,将心理学神秘化了。许多人认为心理咨询师具有窥视人心的本领,导致他们在心理咨询时不愿或羞于吐露自己的心理活动,甚至认为心理咨询师若是不能猜中他们的所思所想,便说明心理咨询师水平不高。

心理咨询师只是一群从事助人职业的普通人,没有窥视人心的特异功能。他们的优势在于学习了心理助人的专业知识,更懂人性和人的发展规律,更尊重理解人;因为长期从事这份职业,他们更倾向于思考人们行为背后隐藏的真实想法。

因此,来访者若想获得心理咨询的有效帮助,需要充分信任心理咨询师,并愿意详尽地提供自己的真实情况。如此才能利于咨访双方共同找到问题的症结所在,帮助心理咨询师做出正确的判断和恰当的干预。

3. 心理咨询就是谈话聊天或说服教育

一部分人认为,咨询会谈就是聊天说话,纵使痛苦难耐,向亲戚朋友倾诉后就会好了,因此没必要来咨询。还有一些人认为,心理咨询无非是讲些大道理,进行说服教育,没多大用处,于是也不屑于来咨询。

如果说,上一项求助误区是犯了将心理咨询神秘化的错误,那么这一项求助误区是犯了将心理咨询简单化的错误。尽管心理咨询进行的主要方式是会谈,但绝不同于朋友聊天、亲友劝慰、长辈教育。在心理咨询的开展过程中,心理咨询师应持客观、中立的态度,既不劝慰指导也不批评教育,而是理解和尊重持有不同价值观的来访者,利用心理学理论并辅以社会学、医学等科学知识,按照严格的理论体系和操作规程,帮助来访者解除心理危机,促进人格发展。

4. 心理咨询由心理咨询师主导,只要坐等听建议就好

没有接触过心理咨询的人会想当然地认为,心理咨询由心理咨询师主导,来访者只要讲明自己的心理困扰,心理咨询师就能把它们一一解开,而他们自己无须思考、无须努力、无须承担责任。简单说来,他们认为心理咨询师就是专门给人提供建议的。心理咨询的终极目标是"助人自助",即协助来访者依靠自己的力量来解决问题,冲出困境,实现自我成长。心理咨询工作者都怀揣一个信条——每个人都是解决自身问题的专家。心理咨询师能做的是运用心理助人方面的专业知识,陪伴、协助而非代替来访者解决问题、完成改变,实现自我成长。由此可见,心理咨询本身是一个连续、艰难的改变过程,如若来访者没有强烈的求助和改变动机,没有主动参与的意识,心理咨询很难见成效。

(三)如何有效利用心理咨询

目前绝大多数高校都设有心理咨询中心,咨询前一般要先预约。一是便于心理咨询师安排好工作,确保以一种平静的状态进入咨询;二是大学生心理保健意识增强,心理咨询中心有时会出现供不应求的情况,即刻要求做咨询不一定能排上队,事先预约可以确保咨询时间。预约咨询可以通过电话预约,也可以直接到心理咨询中心当面预约,有些高校还开发了网络预约平台。第一次咨询中,心理咨询师一般会告知心理咨询的基本原则和设置,有些还会提前让当事人阅读《心理咨询知情同意书》等相关资料,明确咨访双方的权利和义务。

如果想寻求心理咨询的帮助,在踏入咨询室前应做好如下准备,会使自己受益更多。

1. 愿意积极主动参与

要想在心理咨询中取得满意的效果，来访者要积极主动地参与到咨询过程中，例如，愿意详尽地提供自己的真实情况，积极地探索问题的症结所在，主动实践可能有效的办法。如果将心理咨询解决心理问题的过程比喻成翻越一座大山，心理咨询师扮演的角色更像是来访者手中的“拐杖”而不是“魔杖”，能做的是在来访者勇于“攀登”时给予支持和陪伴，而非拥有无限魔力，让来访者可以不劳而获、坐享其成。

2. 梳理自己的问题并进行思考

来咨询前，或许可以从这样几个方面进行思考：自己存在哪些方面的困扰，一个还是多个；这些问题之间是相互独立的还是有内在联系的；尝试过哪些解决办法，效果如何；解决办法无论有效还是无效，自认为原因何在；对自己的这些问题是怎么理解的；希望通过心理咨询达到什么样的目标；等等。顺着这个思路，我们可以就自己目前的心理困扰整理出不少内容，这些内容能为心理咨询提供很多真实、客观、有价值的资料，从而提高心理咨询的效率。不过值得一提的是，切忌矫枉过正，有些来访者生怕漏掉要表述的内容，甚至将自己的问题和思考整理成文，对着心理咨询师便大段大段地照着念，这样会适得其反，因为心理咨询应是一个直接交流的过程。思考这些问题尽力而为即可，实在想不出来可以在咨询中与心理咨询师一同分析讨论。

3. 树立现实的心理咨询期望

人的心理是很复杂的，心理问题也绝非是一两日形成和发展起来的，那么心理问题的梳理和解决也不可能一蹴而就。来访者要明白心理咨询应是一个过程，切忌脱离现实而又急于求成，或因一时看不到明显的效果就选择放弃。

二、大学生心理危机干预

（一）大学生心理危机的干预策略

尽管大学生的心理危机是多种多样、复杂多变的，也缺乏万能的或快速的解决方法，但危机干预者（高校危机事件发生后，参与干预的救援者一般有学校各级领导、辅导员、班主任、心理咨询中心专职人员、保卫处、校医院医生，以及与当事人熟悉的朋友、同学及当事人家长等)仍可以使用相对直接和有效的干预策略来处理危机。心理危机干预的晤谈技术侧重于积极、自然和有目的性的会谈,不断地评估、倾听和提供切实可行的支持,尽最大可能地帮助危机当事人的心理状态恢复到危机前的平衡状态、能动性和自主性。心理危机干预工作是一个系统工程。很多专业心理咨询工作者和其他相关工作人员如果接受过相应的培训或学习,要想在面对危机当事人时提供有效的建议,往往会手足无措。因此可采用九步晤谈法,把它作为危机干预的一般模型,贯穿于危机干预和问题解决的全过程,可作为专业咨询工作者和一般工作人员在进行危机干预具体操作时的参考性指导框架。需要特别指出的是,危机干预九步晤谈法的基础在于注重实效和环境,即要求危机干预者系统灵活地使用一些技术,而非机械式的生搬硬套,整个干预过程是自然流畅的。

在九步晤谈法的指导下,危机干预工作者可以把危机干预分为两个阶段。

第一阶段为:① 发现问题;② 确定问题;③ 安抚情绪;④ 提供支持。该阶段主要以共情、真诚、尊重、不偏不倚和关心的态度进行倾听、观察、理解和做出回应为主,不需要过早地采取行为。

第二阶段为:① 探索方法;② 制订计划;③ 得到承诺;④ 评估效果;⑤ 巩固效果。此阶段主要采用非指导性的、积极的应对方式,是整个干预过程的工作重点。

以下将九步晤谈法的具体内容分享给读者。

第一步,发现问题。

由于大学生心理发展尚未完全成熟,不能深入、全面、准确地认识问题,加之其独立意识增强,即使面临心理危机也鲜有大学生向辅导员或家长求助。因此,心理危机干预的第一步是,发现当事人在情感或行为上的异常表现。这些异常表现一般不符合当事人先前的行为模式,如一个原本作息正常、无不良嗜好的大学生,现在每天睡 12 小时,每周喝 5 次酒;对自己或他人造成了困扰;情绪异常高涨或异常低落;学习能力下降;出现人际危机等。一旦辅导员或家长等危机干预者发现上述异常表现,应提高警惕,及时与当事人进行会谈。

第二步,确定问题。

以当事人的视角,确定和理解当事人本人所认识到的问题。如果干预者所认识的危机境遇得不到求助者的认同,那么所应用的全部干预策略和付出的努力可能会因此失去重点,甚至对当事人的求助而言没有任何价值。为了帮助确定危机问题,我们推荐,在干预开始的时候使用积极倾听技术,既注意求助者的言语信息,也关注其非言语信息,以帮助我们更好地完成危机干预的第一步。准确和良好的倾听技术是危机干预所必需的，实际上有时仅仅倾听就可以帮助当事人。尤其是在面对具有较高文化素质和自我认识能力的大学生群体时，更应如此。另外，处于危机中的当事人，容易把参与干预的教师当成违反自己意志的敌对者，报以极大的不信任感。干预者通过言行，给予当事人足够的共情、积极关注和尊重，与当事人建立相互信任的关系，迅速确定当下危机的属性和引发的原因是很有必要的。在整个危机干预过程中工作人员应该围绕所确定的问题来把握倾听和应用的有关技术。

第三步，安抚情绪。

向当事人传达“一切都会好的”的信念，安抚其或焦虑或悲伤的情绪，目的在于缓解当事人的主观不适感，将其对自我和对他人的生理、心理的危险性降低到最小，以确保当事人的安全。在危机干预的过程中，危机干预工作者的首要目标是保证当事人的安全，这是非常重要的。尤其是对有自杀倾向的大学生而言，确保其安全更是重中之重。在危机发生的时候，只有稳定大学生的情绪、确保大学生的安全，才有进行下一步工作的可能。

第四步，提供支持。

危机干预的第四步强调通过与当事人的言语交流，让当事人知道干预者是能够给予其关心、帮助的人，是一个可靠的支持者。干预者不要去评价当事人的经历与感受是否值得称赞，而是应该提供这样一种机会：允许当事人做好自己，有自己的感受、想法、情绪和行为，让当事人相信“这里有一个人确实很关心你”。干预者必须无条件地以积极的方式接纳当事人，理解当事人，不在乎任何回报。

第五步，探索方法。

在多数情况下，面临危机的当事人处于思维不灵活的状态，不能恰当地判断什么是最佳的选择，需要干预者陪同当事人共同讨论探索和验证可选择的应对方法。有些处于危机中的当事人甚至绝望地认为自己已经无路可走。危机干预的第五步侧重于让当事人明白，其实还存在许多适当的方法和资源可供其选择。

在这一步中，干预者有效的工作应该能帮助当事人认识到，在这个世界上，还有许多可变通的应对方式可供选择，其中有些选择比原来的选择更为适宜，让当事人看到生活的希望。干预者可尝试通过以下角度向当事人开展干预工作：① 让当事人看到被忽略的社会支持，当事人知道有哪些人现在或过去一直在关心着自己；② 讨论可用的应对机制，与当事人讨论可以用来战胜目前危机的有效行为或有利资源、解决问题的可行方案等；③ 采取积极的、建设性的思维方式，通过改变自己对问题的认知评价来减轻应激与焦虑程度。从这三个角度客观地评价各种可选择的应对方式,在一定程度上给予深陷绝望之中的当事人极大的支持。

虽然干预者可以考虑许多可变通的方式来应对当事人的心理危机,但只需与当事人讨论能解决其现实问题的几种方式。过多的信息或者选择会增加当事人的认知负担,扰乱其思绪,使其更加焦虑或悲伤。

第六步,制订计划。

危机干预的第六步是制订计划,该计划包括:①确定能获得有效支持的资源,即确定能够提供个人、组织团体和有关机构;②提供并讨论有效的应对机制——与当事人探讨愿意采用的、积极的应对机制,确保当事人能够理解和把握所讨论的行动步骤。根据当事人的应对能力,计划应着重于帮助当事人解决问题,也可提供一些实用技术,如放松技术等,帮助当事人缓解负性情绪。

计划的制订应该与当事人合作,让当事人感到这是他们自己愿意执行的计划,他们得到了权力、独立性和自尊,体验到了较强的自我控制感。有些当事人往往过分地关注于解决自己的危机而忽略了自身有限的能力,他们会顺从干预者的计划,甚至会认为将计划强加给他们是应该的。因此,在这一步中,关键是要明确当事人实施计划的目的是恢复他们的自制力和自控感,而不是依赖于干预者。

第七步,得到承诺。

如果制订计划这一步进行得较为顺利,那么完成得到承诺这一步也会畅通无阻。在多数情况下,承诺这一步形式比较简单,即让当事人复述计划,如“现在我们已经讨论了你计划要做什么,下一步就要看你如何表达自己的愤怒情绪。你能不能跟我讲一下你将采取哪些行动,以保证你不会大发脾气,避免危机的升级”。干预者应注意,其他帮助的步骤和诸如评估、保证安全、给予支持的技术始终贯穿于第七步。在结束危机干预前,干预者首先应该从当事人那里得到诚实、直接和适当的承诺。然后用理解、同情和支持的方式来询问、检查、核实当事人的承诺。因此,倾听技术在这一步也很重要。

第八步,评估效果。

评估内容包括两部分:当事人的满意度,包括对干预者和整个干预过程的满意程度;干预结果的显著性,即当事人的心理危机处理能力有无显著提升,心理状态有无恢复到危机发生前的正常水平。一般而言,干预者可对当事人进行追踪调查,观察记录当事人在一段时间内的情绪与行为表现,以确保当事人按计划实践承诺,及时发现计划的不足并予以改进。

第九步,巩固效果。

在当事人成功应对心理危机,恢复正常心理状态后,干预者应对当事人的成功改变进行内归因,如“你能成功走出过去的悲伤,很大程度上依赖于你自己良好的领悟能力和不懈付出的努力,你真的很棒”。这有利于干预效果的维持和强化,也有利于学生重拾信心以面对未来的生活和危机。

(二)如何做好大学生的心理危机干预

1. 大学生心理危机筛查

心理筛查是一件非常严肃的工作,专业性强。如果使用时间和操作方法不当,不仅达不到筛查的目的,浪费资源,还会给被筛查的大学生带来心理的伤害。有条件的学校,在开展心理健康教育的同时,以心理筛查为辅助手段,形成宣传、筛选、干预、跟踪、控制一体化的工作机制,切实做好筛查中可能有心理问题大学生的后期支持工作。心理筛查是大学生心理健康教育的一个工作途径,是节省时间、及时找到目标的一种快捷方式,但也有其局限性。在怎样实施心理筛查(简称施测)的操作过程中,筛查前、筛查中及筛查后大学生的心理健康教育需要哪些相关活动配合等方面,还有许多值得研究的地方。工作做得不到位,会影响施测的科学性,或使大学生对心理健康教育及筛查产生误解或偏见。因此需要建构一套科学的操作程序,并规范筛查后的工作。心理筛查人员也需要接受专门的培训后方可实施心理筛查。

1)心理筛查不能保证百分之百的准确率

施测率是施测人数在应测人数中所占的比例。学校进行大学生心理筛查,当然希望有更高的施测率,因种种原因很难做到100%施测,而且由于大学生个人对心理测验的恐惧或偏见,参加测试的大学生中也会出现不认真作答等现象,这样就会使数据失真或无效。而可能有问题的人群也许就在未测或无效数据这个范围中。

2)心理测验有局限性

受生理、社会等因素的影响,人的心理发展是动态的,心理测验的结果只能大致描述目前人心理状况的某一方面,而不是心理状况的全部。

3)心理筛查不是最终目的

一般应在心理筛查后两周左右,及时地结合筛查结果,对需要关注的人群实施必要的约谈工作,以综合判断大学生的真实心理健康状态。并针对关注对象的具体心理问题,给出具体的心理咨询治疗或者干预方案,使心理不健康的大学生早日回到正常的生活状态。为此,要优选心理测量的工具,并结合我国实际,自制测试量表,以较完整地反映在校大学生的心理问题,并据此进行心理筛选,尤其是对具有轻生或伤害他人意念的个体要跟踪治疗,建立有效的干预机制。

2. 大学生心理危机预防方案

根据建立的大学生心理问题测试量表,对在校大学生的心理健康状况进行有效分析;并据此进行心理筛查,区分出心理健康、心理问题、心理障碍、有自杀或伤害他人倾向等心理的个体;在此基础上,开展心理干预,减少大学生非正常死亡的发生。

对大学生进行心理健康普查,分析心理危机指数,可以找出具有自杀或他杀意念的高危人群,及时采取干预措施,减少大学生自杀或伤害率。大学生本人在产生自杀或他杀念头后(心理危机的早期)往往会向周围的人有所暗示,愿意向身边的人求助。这是实施自杀或他杀心理危机干预的最佳时机。一旦个体真正考虑成熟并下决心实施自杀或他杀后,向他人求助的可能性就会有所下降。因此,心理危机的预防和干预工作应该是预防为基础,早期干预为主要手段,过程干预和结果干预为辅助手段。

对于有自杀、他杀意念和倾向的高危人群,分析大学生产生自杀、他杀意念和倾向的原因,尤其是内因——在心理问题上寻找原因,对问题严重的大学生建议请专业人员进行心理治疗和系统干预,对问题较轻的大学生则进行一般的教育,动态了解其状况。预防有自杀、他杀意念和倾向的大学生自杀、他杀,对有自杀、他杀企图的大学生伸出援助之手,不仅仅是心理咨询人员应尽的责任,也是当事人和亲人、朋友、教师应关注的事情。因此,预防自杀、他杀,还要有系统的干预措施,建立完善的干预机制。

针对选出的个案进行施测后,可以进行以下工作。

1) 轻生或伤害他人意念相关症状分析

大部分个案在产生自杀或伤害他人念头前后,生活习惯会有所改变。对平时喜欢的事物失去兴趣;做事懒惰、被动,较易情绪化、容易冲动;愿意尝试以前不敢做的事情,或者努力去做好以前没有做好的事情。

2) 轻生或伤害他人意念调节方式分析

大部分个案在产生自杀或伤害他人念头后,主要是通过“自己调节”“顺其自然”的调节方式,这些方式属于消极的干预方式。只有少数的个案向朋友求助并得到帮助，但朋友多数未引起重视，至多仅仅说几句安慰话。仅有个案主动向父母求助，父母大多会采取积极的干预措施。极少有人向专门的自杀预防机构或者心理咨询中心求助。但是，90%的个案表示产生自杀念头后会对周围的人有所暗示，有倾诉欲望。

3）对待他人自杀的态度

调查大学生对待他人自杀的态度是对自杀行为的看法和认知，个体对自杀了解的程度与态度具有一定的相关性，提示可通过个体对自杀问题的态度（中立、理解、矛盾）判别个体自杀意念或行为。

（三）建立大学生心理危机预防管理机制

1. 制订预防大学生心理危机培训计划

我们除了要开设心理学课程之外，还要建立、健全高校的心理健康咨询机构，配备合格的专职心理咨询教师，及时有效地解决大学生在学业、人际关系、经济和就业等方面出现的心理问题和矛盾，疏解他们的心理压力，将自杀、他杀等念头消灭于萌芽状态之中。

2. 完善学生生活管理体系建设

向各院系主管学生工作的领导、辅导员、班主任及学生干部下发普及心理危机干预的相关知识，内容包括：心理危机状态、自杀、他杀征兆的识别与干预等基本知识，抑郁症、精神分裂症的症状表现及治疗的注意事项，各专业精神病医院的详细资料，校内外心理咨询机构的心理热线及其服务时间等。初步建立资源库，确保学生在需要帮助时能及时联络到相关人员及咨询专家。每月编报，内容以“学生心理健康动态”为主题，将个体咨询和心理危机及非正常死亡干预工作情况及时向校领导和相关部门负责人汇报，包括个体心理咨询情况、心理问题高危学生排查结果、心理危机与非正常死亡事件处理情况及后续工作等。同时，对心理健康教育工作认真总结经验，整合学校内部资源，提出工作改进方案，定期为学生工作队伍举办心理健康知识学习班，加强心理健康教育培训，使大学生心理健康教育工作更加深入。及时了解学生生活，尤其是学生心理状态。

3. 行政管理体系的政策、法规的制定和充足的财力支持

各高校应高度重视学生的心理健康问题，建立相应的保障体系，从组织机构、工作队伍、物资条件、经费投入等方面予以保证。

第四章　积极心理学视角下的高校心理育人途径研究

我国高等教育承担着为社会主义现代化事业培养高层次专门人才的任务，重视和加强大学生心理健康教育，优化大学生的心理素质是新时期高校的一项重要任务。本章阐释积极心理学的产生与研究，构建大学生心理健康教育的积极模式等内容，对积极心理学在大学生心理健康教育中的运用进行分析。

第一节　积极心理学的产生与研究

一、积极心理学的概念和产生背景

（一）积极心理学的概念

积极心理学是美国心理学界兴起的一个新的研究领域，它的出现与发展与心理学家塞里格曼的倡导是分不开的，塞里格曼认为："当代心理学正处于新的历史转折，心理学家扮演着极为重要的角色和新的使命，那就是如何促进个人与社会的发展，帮助人们走向幸福，使儿童健康成长，使家庭幸福美满，使员工心情舒畅，使公众称心如意。"塞里格曼在 1996 年当选为美国心理学会主席一职后，到处呼吁积极心理学运动，并把创建积极心理学看作是自己的一项重要使命。

什么是积极心理学？谢尔顿（Kennon M. Sheldon）和劳拉·金（Laura King）（Sheldon，et al，2001）认为："积极心理学是致力于研究人的发展潜能和美德等积极品质的一门科学。"

积极心理学把自己研究的重点放在人自身的积极因素方面，主张心理学要以人实际的、潜在的、具有建设性的力量、美德和善端为出发点，提倡用一种积极的心态来对人的许多心理现象（包括心理问题）做出新的解读，从而激发人自身内在的积极力量和优秀品质，并利用这些积极力量和优秀品质来帮助有问题的人、普通人或具有一定天赋的人最大限度地挖掘自己的潜力并获得良好的生活。

（二）积极心理学的产生背景

积极心理学的研究渊源最早可追溯到20世纪30年代Terman关于天才和婚姻幸福感的研究，以及荣格的关于生活意义的研究。但第二次世界大战时这种研究中断了，第二次世界大战后的西方心理学把研究重点放在了问题和障碍心理的研究上，而几乎没有对人的积极人格等方面的研究。一直到二十世纪五六十年代，一些心理学家才开始研究人的积极品质，特别是人本主义心理学开创者马斯洛认为：心理学作为一门科学，在研究人类消极方面取得的成功远远大于它在人类积极方面的研究。他认为我们必须要了解心理学的现状，了解它的天职，纠正这种状况。人本主义的另一位杰出代表罗杰斯认为：人在本性上是富有建设性的，要努力保持一种乐观的感受和自我实现的感受，只要我们用亲切和积极的态度对待他们，每个人都会成为一个充满爱和期望的人。

人本主义思潮在一定程度上引起心理学对心理活动积极方面的重视，开始出现有关主观幸福感、乐观、满意、情绪平衡、正性情感等方面的研究。正如塞里格曼所言："当一个国家或民族被饥饿和战争所困扰的时候，社会科学和心理学的任务主要是抵御和治疗创伤；但在没有社会混乱的和平时期，致力于使人们生活得更美好则成为他们的主要使命。"

随着人们对自己生活质量的要求不断提高，他们比以前更渴望过有意义的生活，因此对正常人的研究越来越引起心理学家的重视，越来越多的心理学家意识到心理学不仅要研究心理疾病，更应该研究人的积极品质，只有人类自身的积极品质才是人类发展的关键因素。最近心理学家通过psychinfo进行搜索发现：幸福感与心理疾病，在过去的5年里上万次被引用，对包括健康、快乐、生活质量和其他有关主题词进行更广泛的搜索，数量则更多。

在这种背景下，积极心理学的思想一经提出，就受到了广泛的关注。

二、积极心理学的主要观点

(一)实现心理学的价值平衡

心理学成为一门独立的学科以来就具有三项使命:治疗人的精神和心理疾病,帮助普通人生活得更充实幸福,发现并培养具有非凡才能的人。第二次世界大战后,心理学家把研究重点放在了研究人的心理问题上,侧重于研究一些外在刺激带给人的消极影响及其消除方法。把人看作是一种被动的只会对外界强化刺激做出反应的生物,认为其只有被指出并纠正了其缺点和问题,他才会做出相应的反应,积极心理学把这种心理学模式称为"病理式"心理学,也称为消极心理学。消极心理学过分强调自己的矫正功能,习惯于从问题入手开展工作,这种研究范式使许多心理学家学会了如何在困境中帮助他人得到改变,并使其生活幸福,但却不知道如何对待良好条件下的社会成员。而且这种研究范式的工作重点常常在少部分问题成员身上,忽视了全体成员主动发展并生活幸福,即忽视了心理学在个体积极特质如勇气、乐观、理想、人际关系、信念、热情、诚实、坚韧等方面的促进作用。

积极心理学认为,心理学不应仅对损失、缺陷和伤害进行研究,而是应对人类自身所拥有的潜能、力量和美德进行研究,强调心理学应实现基本价值回归的再次平衡,因此积极心理学是对当代心理学研究价值的一种重新回归,它充分体现了以人为本的思想,提倡积极人性论,它主张使人的潜力得到充分的发掘并生活幸福。它把培育人的积极品质作为社会科学研究本身的根本目标,这样就使其目标和人性目标高度一致,使人与社会和谐相处。

(二)强调研究每个人的积极力量

积极力量就是指正向的、具有建设性的力量和潜力。积极心理学主要从三个层面来研究人的积极力量。一是从主观层面上,主张心理学要研究个体对待过去、现在和将来的积极主观体验。在对待过去方面主要研究满足、满意、安宁、成就感等积极体验;在对待现在方面主要研究高兴、幸福和身体愉悦等方面;在对待将来方面主要研究乐观、充满信心和希望等积极体验。二是从个体层面上,主张研究积极人格。积极心理学在人格研究中特别强调研究人格中所包含的积极方面和积极特质,特别是研究人格中关于积极力量和美德的人格特质,在这方面,积极心理学研究了包括智慧、友好、尊严和慈祥等 24 种人格特质。三是从集体层面上，主张研究积极的社会系统，它主要研究家庭、学校和社会等组织系统，提出这些系统的建立要有利于培育和发展人的积极力量和积极品质。

（三）提倡对问题做出积极的解释

积极心理学提倡对个体和社会所具有的问题做出积极的解释。积极心理学认为，心理问题本身虽然不能为人类增添力量和优秀品质，但问题的出现也为人类提供了一个展现自己优秀品质和潜在能力的机会。

积极心理学主张从两个方面来寻求问题的积极意义，首先是多方面探寻问题产生的根本原因，其次是从问题本身去获得积极的体验。

三、积极心理学研究的主要领域

（一）个体的积极体验

积极的情绪和体验是积极心理学研究的一个重要内容。积极情绪是指能激发个体产生接近性行为或行为倾向的情绪，包括主观满意感和满足、希望和乐观主义、快乐等。积极体验是指个体满意地回忆过去、幸福和从容不迫地感受现在并对未来充满希望的一种心理状态。具体地，积极体验主要有两种。第一种是感官愉悦，这是一种满足机体自身张力的积极体验，如饥、渴等的满足时产生的体验。第二种是心理享受，这种心理享受来自个体打破自己固有的某种自我平衡时所产生的积极体验，即个体所做的超越了自身的原有状态后所带来的一种体验。如运动员在比赛中创造了新的纪录，学生解决了一道难题等。与感官愉悦相比，心理享受类积极体验常常与个体的创造和创新相关联，更具有社会意义和个人意义，也更有利于个体的成长和幸福感的产生。弗雷德里克森针对积极情绪的特定功能提出了自己的“积极情绪扩建理论”，他认为每一种情绪都有自己相对应的特别的行为，这种行为倾向一种是逃避倾向，另一种是接近倾向。积极情绪能促使人主动地去接近，并且能扩大个人瞬间的思想和行为指令系统，使人产生更多的思想和行为，这种行为不仅表现在社会性行为和身体行为上，也表现在智力行为和艺术行为上。

弗雷德里克森的积极情绪扩建理论提出，积极情绪和消极情绪的应激保护不同，它能通过扩建个体即时的思想或行为资源而帮助个体建立起持久的个人发展资源,这些资源趋向于从长远的角度、间接的方式给个体带来各种利益,促使个体发挥自己的主动性,从而产生多种思想和行为,特别是能产生一些创新性的思想和行为,并把这些思想和行为迁移到其他方面,如兴趣、满意、高兴、爱等。当前关于积极情绪的研究有很多,主观幸福感、快乐、爱等都成了心理学研究的新热点。其中被研究最多的是主观幸福感,在众多的积极体验中,它是最综合、最复杂也是最核心的一种体验。

美国伊利诺伊大学心理学系终身教授埃德·迪是国际上享有盛誉的幸福学研究的创始者之一,他提出主观幸福感是指主体主观上对自己已有的生活状态(正是自己心目中理想的生活状态)的一种肯定的态度和感受。第二次世界大战后关于人类的幸福感和生活满意度的调查研究开始得到蓬勃发展,而人类进入21世纪后,关于主观幸福感的研究更是出现了一派兴旺的景象,而积极心理学更是把主观幸福感作为研究的立足点,强调人要满意地对待过去,幸福地感受现在和乐观地对待未来。

(二)个体的人格特质

在积极心理学中,积极的人格也引起了许多研究者的兴趣。积极心理学认为传统的人格心理学在过去一段时间内过分关注了问题人格或人格形成的问题,而对良好人格的形成和发展一无所知,积极心理学对人格的研究是以反思和批评传统人格心理学研究中所存在的问题来进行的。它强调人格心理学要成为一种平衡的人格心理学,人格研究既要研究消除各种人格问题,更要研究助长良好人格的积极方面。它相信在每一个人的内心深处,都存在着两股抗争的力量,一股力量是消极的——压抑、侵犯、恐惧、生气、贪婪、自卑、高傲;另一股力量是积极的——喜悦、快乐、平和、爱、希望、责任、宁静、谦逊、仁慈、宽容、友谊、同情心、慷慨、真理、忠贞和幸福等。积极心理学认为只有人所固有的积极力量得到培育和增长,消极方面的力量才能被消除或抑制。

积极心理学认为,人格是由人的内部机制、外部行为和社会环境之间的交互作用形成的,但更强调后天社会环境对人格的影响作用。它认为外在的社会影响在被内化的过程中,积极的体验起了至关重要的中介作用。

积极心理学认为,积极人格特质主要是通过对个体的各种现实能力和潜在能力加以激发和强化,当激发和强化使某种现实能力或潜在能力变成为一种习惯性的工作方式时,也就形成了积极人格特质。在积极人格中,引起较多关注的是主观满意感、自我决定性和乐观。主观满意感既是一种心理体验，也是一种人格特质，积极心理学认为它是积极人格的核心特质，它是指主体主观上对自己已有的生活状态正是自己心目中理想的生活状态的一种肯定态度。主观满意感是主观的、因人而异的。自我决定性是指个体自己对自己的发展能做出某种合适的选择并加以坚持，美国心理学家 Deci Edward L. 和 Ryan Richard M. 等人认为，自我决定性人格特质对个体的内在动机、社会性发展和幸福具有较大的促进作用，而这种促进作用主要是通过认知评价来实现的。乐观人格特质是指个体对自己的外显行为和周围所存在的客观事物能产生一种积极体验。大部分积极心理学家认为乐观虽然具有一定的天性成分，但主要还是后天形成的，大部分人可以通过学习而获得"习得性乐观"。在一个人形成了乐观人格特质以后，那他常常会把生活中所遇到的困难归因于外在的因素，在任何条件下他都会朝着好的结果去努力。这种乐观的态度能使他们免于抑郁，增进健康，促进事业成功。所以，塞里格曼把乐观称为"成功人生的第三个要素"。

（三）积极的组织系统

积极心理学研究积极的组织系统，它认为人的经验、潜力是在健康的家庭、关系良好的社区、有效能的学校等积极的社会组织系统中体现的，同时也受其影响。它认为社会组织系统不仅是建构积极人格的支持力量，而且是个体不断产生积极体验的最直接的来源。积极组织系统指的是在群体层面上研究造就人类幸福的环境条件及影响天才发展、创造力得以体现、培养、发挥的环境因素。

积极心理学关于天才的研究表明，天才儿童的产生与父母的家庭环境很有关系。对于创造力是先天的还是后天培养的这一话题，美国心理学家 K. Anders Ericsson 经过无数有关创造力的研究表明，许多被誉为"天才"或"杰出者"的人，常常有刻意练习的习惯，即创造力是源于普通认知过程的一种脑力活动，更多的是培养出来的，而非与生俱来的才能。

四、积极心理学对心理预防和心理治疗的看法

（一）积极心理学关于预防的思想

在 20 世纪末十年的研究中，心理学家开始关注对心理疾患的预防。例如，

1998年美国心理学协会年会的主要议题就是预防。近年来,对心理疾患的预防更是引起了心理学家的广泛关注。在如何预防问题方面,传统心理学的预防观是针对成员外部环境的不良影响而采取措施,并从外部制定规章制度,期望用这种方式来预防问题的产生。积极心理学提出了积极预防的思想,它认为单纯地关注个体身上的弱点和缺陷并不能产生有效的预防效果,而通过发掘人的自身力量就可以做到有效的预防,它认为在预防工作中最主要的工作是有效地测量这些品质并通过个体内部系统地塑造这些品质,而不仅仅只是消除存在的问题。人类自身存在着可以抵御各种精神疾病的力量,他们发现人自身的积极品质和积极力量(爱心、胜任、爱美性、乐观、勇气、工作热情、对未来充满希望等)才是预防问题产生的最好工具。

(二)积极心理学关于心理治疗的思想

积极心理治疗认为,长期以来的心理治疗一直存在一个重大问题,即把自己的工作重点放在对病人病痛的评估或治疗上,大量研究一些外在的紧张性刺激给病人心理所带来的消极影响,以医生治疗病人身体疾病的模式来对待心理疾病。因此传统心理治疗者总是致力于修复病人损坏的习惯、损坏的动机、损坏的童年、损坏的大脑。期望通过修复病人的这些损坏部分来达到治愈病人的目的。

积极心理治疗把自己的注意力集中在病人自身的能力上而不是集中在病人的疾病上。积极心理治疗认为,治疗并非首先以消除病人身上现有的紊乱为准(目的),而是首先在于发动病人身上存在的种种能力和自助潜力……事实和给定的东西不一定是障碍和紊乱,也是每个人与生俱来的种种能力。

积极心理学认为,要把心理治疗的对象看作整体的人,而不是疾病的载体。既要看到疾病更要看到人的潜能,通过心理治疗使求助者树立起信心和希望,调动其自身的潜在力量。

由积极心理学的理论可以看出,积极心理学展示了一种新的理念,即积极心理教育理念,这种理念将心理学研究的重点放在人的积极品质和挖掘人的潜力上,这种理念对我国大学生心理健康教育的发展将产生一定的影响,使我们的心理教育也转向积极方面,进行积极心理教育。

第二节 构建大学生心理健康教育的积极模式

一、大学生积极心理健康教育的目标

在教育目标上,积极心理健康教育以增进大学生的幸福感为主要目标。主观幸福感是指个体对本身的快乐和生活质量等"幸福感"指标的感觉。消极心理学的目标定位于消除人心理和社会的各种问题,以预防各种恶性事件的发生,并期望问题被消除的同时能给人类和人类社会带来繁荣。它关注的不是人本身,而是人或人类社会中存在的问题,因而背离了社会必须以人为本的基本原则。今天的社会,人类的一切活动不再是为了生存,而是为了生存得更幸福。人不仅仅是为了没有问题而存在,人是为了生活幸福而活着。让所有人幸福是我们当代社会的主旋律。在这样的社会背景下,教育也要体现这一主题——让学生生活得更幸福,让学生过得更有积极意义。大学生有了幸福感,就能产生积极的心理效应,形成良性循环。这无论是对个人还是对社会都是有益的。因此在大学生积极心理健康教育中要充分体现以人为本的思想,提倡积极教育,培养大学生乐观向上的心理品质,充分开发潜能,使大学生的潜能得到充分的发挥并生活幸福,为大学生的生存和发展提供积极的心理保障。

二、大学生积极心理健康教育的内容

根据积极心理学的理论和我国当代大学生的特点,大学生积极心理健康教育的内容主要如下。

(一)积极人格的培养

积极人格作为人格中的动力,不仅可以预防消极人格的破坏作用,还能够促进人们积极适应能力的发展,维护人们的生理健康和心理健康。研究表明:个体所具备的积极品质有助于提高人类的生理健康。Taylor 等人(1992)从 AIDS 感染者的问卷调查和其后他们病情发展情况发现,那些接受死亡的现实的感染者(现实接受问卷得分高)要比得分低者早去世 9 个月。消极的预期会使 AIDS 症状更早出现。

研究表明,消极的情绪状态相应地减低了免疫系统的活动。同样积极品质在人们的心理健康方面更是起了重要的作用。目前,越来越多的研究者采用主观幸福感作为心理状况的重要指标。Folkman、Ryff 等人指出,主观幸福感水平较高的人在应付问题时能够采取更积极和有意识的良好方式来应付问题。

21 世纪的大学生是充满朝气、充满活力的新生代,他们应该具备积极、健康的人格,根据积极心理学对人格的研究及我国大学生心理发展的实际情况,本人认为,当代大学生积极人格教育应把以下方面作为教育内容。

1. 自我观念的教育

自我观念实际是指个人从经验中对自己一切的知觉、了解和感受,包括对"我是谁?""我是什么样的人?"等问题的可能答案。这些答案汇集起来就形成了个人的自我观念。

自我观念是一种"调节变量",它在人的心理活动中起着认知、过滤、行为启动和生活目标设立等作用。自我观念对心理健康起着积极的作用还是消极的作用,取决于个人具有怎样的自我观念。健康、积极的自我观念是促进健康人格形成的重要动力,而消极的自我观念则会影响人们各方面的发展。社会心理学家认为,一个人心目中的自我是什么样的,他的生活就是什么样的,一个人的自我观念决定着他的整个生存方式。大学生深切地关心自己的发展,自我意识不断增强,自信心普遍强烈,希望自己成功。教师都要让他们在教育中的每个环节感到成功,当他们想象自己是一个成功型的人时,就会自然地发现,自己很多时候都是生活中的成功者,可以从生活中找出各种各样的理由来证明自己是一个成功者,由此产生积极的生活、工作态度。而当他们想象自己是一个失败型的人时,尽管他有良好的愿望、顽强的意志力,甚至时机也完全有利,他还是会不断地寻找各种理由来证实自己是一个失败者。因此积极的自我观念是至关重要的,它会直接或间接地影响到做事的结果,甚至于人一生的命运。因此自我的发展是人格发展和形成的核心,积极的自我观念是健康人格的主要标志之一。

在教育过程中,我们首先需要引导学生通过自省、社会比较和建立正确的自我评价参照标准来正确地认识自我,了解自己生理和身体发育成长,了解自己的心理特点、心理状况,包括自己的兴趣、爱好、情绪、性格、才能和特长等,了解自己在人际交往中的位置、作用、角色。其次要教育学生悦纳自我,处理好现实自我与理想自我的关系,不要过度自我批评,因为过度自我批评一旦形成习惯,将会导致一个人养成自我否定的习惯,形成自责性的自我观念。

2. 人际关系指导

人际交往是青年健康成长的基本条件，要培养他们认同他人、保持积极人际交往的态度。马斯洛认为，人人都具有一种基本需要：他需要归属于一定的社会集体，他需要得到他人的关怀和尊重，这些社会需要是与吃饭穿衣等生理需要同等重要的，它非得被满足不可，否则，将使主体丧失安全感，进而影响心理健康。

社会学和人类学的研究更是肯定，群体合作具有生物保存与适应的功能。认同社会、认同他人才能与他人进行正常的交往。人际关系对大学生心理的健康成长具有很重要的意义。

首先，它可以满足大学生的原发性心理需求。追求自我价值感和安全感是人的最根本的原发性心理需求，是保持心理健康的基础。这种原发性心理需求被满足了，人就会保持自信、自尊和自我稳定感，使人充满希望和热情。否则人就会自卑、自我厌恶、自我不接纳，进而自暴自弃。自我价值感的确立和安全感的获得，是在有效人际交往过程中实现的，没有人际交往，自我价值感和安全感就无从谈起。

其次，它可以促进大学生心理成熟。在人际交往的过程中，他们可以从他人的褒贬中掌握自己的优点、缺点，不断完善自己来适应社会，这个过程既是一个人自我成长的过程，也是一个人心理成熟的过程。人的心理是在人际交往中逐渐成熟完善起来的，尤其是处于青春期的大学生正是心理从不成熟向成熟过渡的关键时期，这个时期最重要的就是认识、完善和发展自我。所以，人际交往对促进大学生心理成熟尤为重要。

再次，它可以维持大学生的心理健康。在日常学习和生活中，随时都有可能发生一些应激事件，大学生的心理还不完全成熟，情感丰富不稳定，如果在发生应激事件时有好朋友倾诉，心情就会得到缓解，问题就会得到解决，但如果没有积极的人际交往态度，孤僻内向，遇到问题时就只能把问题淤积在心里，以至形成抑郁、甚至轻生。所以良好的人际关系对大学生维持心理健康有着特殊的意义。

在积极心理健康教育中，教师要培养学生尊重、真诚、理解和宽容的人际关系态度。同时帮助大学生掌握人际交往的技能。在交往的过程中客观地评价自己和他人，保持自我个性，承认与他人的差异，在团体中明确角色期待，学会角色扮演，勇于竞争，善于合作，在与他人的积极交往中不断完善自身人格的塑造。

3. 情绪教育

心理学家埃普斯顿在《人类情绪的生态学研究》中，介绍了他对大学生的自我观念、情绪与行为变化之间关系的研究成果。结果表明,当体验到积极情绪时,大学生的行为目标也往往是积极的、生动的;当体验到消极情绪时,一部分大学生的情绪变得消极,而另一部分大学生的行为并没有向消极方面转化,而是吸取教训,准备再次面向困难。情绪教育就是使学生身心感到愉快的教育。大学生的情绪情感处于急剧发展时期,他们有着丰富、复杂的感情世界,情绪体验快而强烈。他们的情绪一旦触发,容易引起共鸣,而情绪受挫,则马上低落消沉、悲观失望。因而情绪教育对大学生的健康成长有极其重要的意义。

过去心理学所注重研究的是负向情绪及它所引发的心理疾病,现在正向的、积极的情绪正引起人们的重视。因为人们发现,当正向情绪出现时,负向情绪便被排挤出去了。乐观的情绪是身心和谐的象征,是心理健康的重要标志。现代科学也进一步证明,乐观情绪可以使人体内的神经系统、内分泌系统的自动调节机能处于最佳状态,有利于促进身体健康,也有利于促进人的知觉、记忆、想象、思维、意志等心理活动。

而负向情绪如愤怒、恐惧、焦虑的出现会使人体抑制副肾上腺皮质激素的分泌,使得人体免疫力降低,若负向情绪长期无法缓解,还会引发各种神经官能症,导致日常生活无序,破坏正常社会功能。

大学时期是青年人心理成熟的重要时期,也是情感丰富多变、相对不稳定的时期,情绪的变化会左右他们的生理和心理,在他们的学习和生活中产生重要影响。

首先,情绪教育要引导大学生调节和控制自我情绪,学会保持平和的心境,避免消极情绪的出现。

其次,要注意激发大学生积极的情感体验,尤其是自尊心和自信心的体验。这是对自我价值充分认识和高度评价而形成的情绪体验,是人格发展的内在源泉。

再次,要注意培养大学生的社会性情感。因为社会性情感反映人的社会关系、社会条件和社会文化特点的态度和内心体验。社会性情感的培养主要围绕着理智感、道德感和美感三个方面。

4. 培养人的积极的心态

心理态度是由当前和过去经验引起个体心理活动在一段时间里出现的相对稳定的持续状态,是个体的心理过程和个性心理在特定时间内的综合表现,它是人的心理对各种信息刺激做出反应的趋向。人的心理态度对人的思维、行为具有导向和支配的作用。我们可以从一则故事来看出心态是怎样影响行为并带来不同结果的。

有一头老驴掉进了一口废弃的枯井里，井很深，它根本爬不上来，主人看它是头老驴，也就懒得费时费力去救它，就让它在那里自生自灭。刚开始时，连那头老驴自己都放弃了求生的意志。然后，每天不断地有人往枯井里倒垃圾。老驴很生气，认为自己掉到了井里已经很倒霉了，主人又不要自己，现在居然连死也不能死得舒服点，每天还有那么多垃圾倒下来。一天天过去了，老驴渐渐地被垃圾淹没，身体变得越来越虚弱。可是有一天，它决定改变它的生活态度。它集中最后一点力量，抖落身上的垃圾，站了起来，接着每天它都把垃圾踩在自己的脚下，从垃圾中找一点残羹剩饭来维持自己的体力。终于有一天，它重新回到了地面，开始了新的生活。在老驴抖落垃圾的那一瞬间，它完成了从死到生的转变，"态度——决定人生"。由此可见，心态对人的行为起着导向和支配作用，不同的心态直接导致不同的结果。

心态有积极心态，也有消极心态。积极心态是一种正向、乐观、进取的心态，表现为一种积极的人生态度，即热爱自己、热爱他人、热爱学习、热爱工作、热爱自然、热爱生活。它让人以乐观的态度看待一切，能够从积极的方面看待事物，从而能够自觉、主动、自主、创新地开展工作。积极的心态还表现在自己的能力和客观现实不允许自己做某一件事情时，能够主动地放弃并愉快地接受这一事实，进而主动地做自己能做的事情。这种心态的主要表现是：在认知上，以积极思维看待问题；在情感上，回忆过去有满意感，对待现在会有幸福感，面对未来充满希望；在行为上，表现为积极、进取、挑战等积极品质。而消极心态则相反，它由悲观、抱怨、等待等构成。

大学生的健康成长需要良好的心理素质，良好的心理素质包含两层意思：一是没有心理疾病，二是具有积极心理状态，具有积极心理状态的大学生对人对事较客观，情绪饱满，把学习看成是自己的主观需要，目标明确，成就动机较高，生活很充实。对大学生来说，乐观的人生态度对其自信心和未来前途的期待有重大影响。如果他具备乐观的态度，他就会把每次成功当作是自己能力的检验，从而进一步增强自信心，而当他面临挫折时，他也许会从中吸取教训，进而改善自己。

5. 耐挫能力的培养

耐挫能力又称为挫折的耐受能力、挫折承受力，是指个体对挫折可忍耐、可接受程度的大小。随着社会的不断发展和伴随而来的高等教育体制的改革，部分学生在主观愿望与客观实际、理想与现实发生脱节而遭受挫折。通过调查分析，近年来，大学生遭受挫折的状况表现出人数增多、范围扩大、后果严重的特点。大学生由于其心理发展还不平衡,所以挫折很容易引起他们的消极行为,如退缩、敏感、攻击等,长此下去,他们的人格就会偏向发展。对于大学生遇到的挫折,要正确地看待,因为挫折对大学生来说有着积极的影响。

首先,挫折能增强大学生心理的有益作用。挫折是一种内驱力,它能推动个体为实现目标而做出更大的努力,花费更多的精力。社会生活中有许多身处逆境但通过努力实现自己夙愿的佼佼者,他们的成功就是挫折驱动的结果。

其次,挫折能增强大学生的容忍力。个体对挫折容忍力的大小,与其过去生活中的挫折经验有关。如果一个人从小到大一帆风顺,畅通无阻,从未遇到失败与不幸,或一遇挫折就逃避,则其容忍力极小,这类人极少会取得成就。个体经受挫折的锻炼多了,对挫折的容忍力就会增强。

再次,挫折能提高大学生的认识水平。当一个人面对挫折和失败时,往往会总结经验,吸取教训,改变策略,最终实现目标,所谓“吃一堑,长一智”。

所以我们要培养大学生对挫折的正确认识,培养他们在挫折来临时正确运用积极性防卫机制,即勇于面对,正确分析产生的主客观原因,总结经验的积极行为方式,如表同、补偿、幽默、升华等机制。在教育过程中,着重构建有利于大学生心理健康成长的校园环境,让大学生到大环境中去参与实践,磨炼他们的意志品质,增强耐挫能力,提升价值感。同时学校要致力于正确疏导,在挫折发生之前做好分类分析、重点访谈、跟踪记录等工作,并通过丰富多彩的校园文化加以引导。

6. 自尊心的培养

大学生积极人格的培养主要通过对学生的各种现实能力和潜在能力加以激发和强化,当激发和强化使某种现实能力或潜在能力变成为一种习惯性的工作方式时,积极人格就形成了。在这个过程中自尊起着重要的作用。

19世纪末,詹姆斯提出的自尊模型开创了心理学对自尊的研究,他认为自尊就是指个体的成就感,是个体对所获结果重要性的主观评价,在他的《心理学原理》中提出了著名的自尊公式:自尊=成功/抱负,即自尊取决于个体实际成就与其理想/期望之比。

20世纪以后,人们更倾向于从社会文化环境方面来看待自尊,认为自尊其实就是社会环境对自我的一种反映。社会认同理论认为,人们是部分地根据自己所属的社会群体或群体种类来定义自我的,因此,人的自我知觉、自我评价、自尊等都受到所属群体的影响。当一个人经常受到来自群体的批评、忽视和拒绝时他就会形成较低的自尊,而如果他经常受到自己所属群体的赞扬、重视和接纳时,他就会形成较高的自尊。因此个体的自尊其实是来源于其周围的人对他的看法。

那么究竟什么是自尊呢？Mruk(1999)运用现象逻辑学的方法，以时间为线索，对历史上出现并经受了时间考验的自尊定义进行了整理，提出了一个“综合性”的描述，认为自尊是个体能不断地以一种有价值的方式应付生活挑战的能力状态。

国内外学者在自尊与心理健康方面进行了各种实证研究，这些研究都证明了自尊是心理健康重要的决定因素。自尊对青少年和成人的心理健康具有很强的预测作用。

钟杰等人(2002)对自尊在大学生人格、羞耻感与心理健康关系模型中的作用进行研究，结果表明自尊对心理症状有显著的直接影响作用。高自尊者通常的自我感觉较好，对自己的评价较积极，倾向于认为自己有能力、自信，因而能体验到积极的情感，能够接纳和喜欢自己，能够保持较好的心理状态。而低自尊者通常对自己持消极否定的态度，看不到自己的价值所在，从而表现出严重的自卑心理，自我评价过低，经常有消极的情感体验，社会适应严重不良，害怕与人交往。而白丽英等人(2007)在对大学生自尊和人格特征的影响因素分析中表明：大学生人格中的乐群性(A)、稳定性(C)、恃强性(E)、活泼性(F)、有恒性(G)、敢为性(H)、幻想性(M)、自律性(Q3)与自尊水平呈显著正相关；而怀疑性(L)、忧虑性(O)、独立性(Q2)、紧张性(Q4)则与自尊水平呈显著负相关，也就是说，性格外向、活泼开朗、情绪稳定、好强上进、有恒负责、自信敢为、富于想象、自律严谨的大学生更倾向于有高的自尊水平；而个性悲观、固执己见、怀疑戒备、紧张焦虑等个性因素则更倾向于有低的自尊水平。

这些研究都表明，自尊作为自我系统的重要特质对大学生健康心理及良好个性的形成有着积极的影响，它不仅是心理健康的主要标志，而且还影响着个性发展的方向。

在培养大学生自尊的过程中，可以通过以下方式提升自尊。

首先，可以适当地应用社会比较的方式，在学习和生活中，大学生会自觉不自觉地拿自己与周围的人比较，通过比较看到自己的优势和价值，从而提升自尊。当自己比有关系联结的他人更成功，更有优势时，他们就会拉近与他们的距离而在社会比较中获得自尊；而当自己不如关系他人时，他们就会适当拉开彼此的距离，减少可比性，采用替代性资源策略而获得自尊。

其次，通过引导大学生主动地寻求积极的反馈或评价来提升自尊。一般情况下人们都会通过寻求积极的信息反馈或评价来提高自我价值感。但是，与具有积极自我概念的人相比,具有消极自我概念的人更倾向于采集积极信息反馈或评价来提高其自我价值感。

再次,在大学生遭受外来挫折和威胁时,教师要引导他们主动寻求一些印象管理的策略来保护自尊。一般情况下,人们通常采用的印象管理策略有自我设阻和自我表现。自我设阻就是通过故意在追求成功的道路上设置障碍,从而为自己不能达到的成绩而找到借口的行为策略;自我表现就是人们自觉的印象控制过程,即在现实生活中,人们经常有意识地按照一定模式表现自己,以便给他人留下所期望的印象,借此维护自尊。

(二)积极校园环境的创建

大学生心理健康教育处于校园环境的大系统中,其不可避免地要受到这个大环境的影响,校园环境作为学校教育的支持性平台,能够起到弥补和补充其他教育途径的作用。大学生的大部分时间都在校园里,如果长时期受到良好校园环境的濡染和潜移默化,会使学生的整体心理素质得到大幅度的提高。

1. 积极的校园制度

积极心理学认为,积极的社会制度是建构积极人格的支持力量,也是个体积极体验的直接来源。学校教育中直接影响积极心理教育存在的领域主要是学校制度和校园文化。

学校制度主要是指班级和学校教育中领导体制、规章制度、领导风格、管理模式、教学组织形式等存在的心理教育影响。高校管理制度是为维护和保证高校正常的教育教学秩序和生活秩序,保障学生身心健康,促进学生德、智、体、美全面发展,依据《中华人民共和国教育法》《中华人民共和国高等教育法》及其他有关法律而制定的一系列规章制度及行为准则。大学生正处于人格的形成与发展阶段,可塑性大,因此学校需要对他们人格发展进行积极地引导和控制,而一套完整的校园制度体系在这方面的作用是不可低估的。良好的制度体系可以营造良好的校园秩序,规范学生的行为,形成良好的校风。而一个学校的校风将直接影响人才的培养,它能对大学生起到潜移默化的影响,形成一种凝聚力、约束力,使大学生产生归属感、认同感、自豪感,得到鼓励支持,具有正确的目标、积极的态度与和谐的人际关系,为学生健康人格的发展起到主导作用和提供最佳条件。大学生在学校或班级的生活中不断与教师或同伴团体产生各种联系,“近朱者赤,近墨者黑”,这些因素对大学生的成长有着不可忽视的作用。

如今的高校受市场经济运行规律的影响，人才竞争不可避免，学校要树立竞争向上的思想，建立优胜劣汰的运行机制，制定相应的政策和规章制度，鼓励学生以积极的心态参与竞争，养成积极进取的心理品质。

2. 积极教育理念

在校园环境中还存在着丰富多彩的活动文化环境，主要表现为教学活动、科研活动、实践活动等，通过参加这些活动，大学生的自我认知、自我体验、自我控制能力、承受力、心理调节能力等都得到了不断发展和完善。积极心理学认为，在这些领域的教育中要提倡积极教育理念。积极教育是指以人外显的和潜在的积极品质为出发点和归宿点而实施的教育，是一种对教育进行重新定位的新观念，体现了对消极传统教育的修正。积极教育认为，教育并不仅仅是纠正学生的错误和不足，教育更主要的应是寻找并研究学生的各种积极品质（包括外显的和潜在的），并在实践中对这些积极品质进行扩大和培育。在这个过程中，教育主要在于为学生寻找或创造一个环境，使学生的那些最好的品质能在这个环境中得到充分的表现和发挥。

积极教育并不是传统意义上的所谓发扬优点克服缺点，更不是一种充满希望的良好祝愿、一种整天拍手称好的喝彩，甚或是一种光说好话的自我欺骗，它是一种内涵更丰富的教育理念。积极教育的立足点放在了学生固有的积极能力和积极潜力上，以培养学生个体层面和集体层面的积极人格为最终目标。传统意义上的发扬优点克服缺点，只是教育实践中的一种具体方法，其最终目标还是以纠正学生存在的问题或缺点为核心。同样，传统教育情境下的教育者眼里往往忽视学生个体本身，往往更关注到学生身上存在的问题，这使传统教育表现出了典型的非人性化特征，使学生的学习状态成了受外界压力而不得不产生的一种消极适应。事实上，每一个学生都是一个自我的决定者，他们都有为自己做出合适选择的愿望和能力。教育要改善所有的人，而不仅仅是只针对那些有问题的学生，所有正常健康的学生也需要指导，他们也需要使自己的生活变得更幸福。在新的社会背景下需要树立积极教育的理念，这既是对传统教育的一种修正，更是在深入理解传统教育之后对未来教育的一种重新定位。

在教学、科研、实践活动中，教师要采取积极的教育态度、教学手段、注重自身教育风格对大学生心理健康发展的影响。注重营造积极的课堂，即在课堂的教与学活动中，能够营造课堂积极的氛围，使学生在课堂学习中获得良好的、足够的、积极的情感体验。注重个性化教学，让学生获得学习上的收获和成功，使学生在完成任务的同时获得主体的情感愉悦。同时教师本身要拥有积极的心理和良好的情绪,注意自己的精神面貌和言行,以自己的实际行动来赢得学生的尊重和喜爱。只要所有的教师都能把积极心理教育作为一项自己的使命,处处留心,在教育的过程中提高自己的心理品质,发展自己的能力,挖掘自身内在的潜力,就能够提高自己的心理素质,反过来又能够使用一定的方法,注意调节学生学习的心理状态,使其常处于积极的状况,积极主动地学习和思考,这样师生之间就能做到有效地沟通与互动,形成良性循环。

三、大学生积极心理健康教育的原则

积极心理健康教育在遵循传统心理健康教育原则的基础上,又有着自身的一系列原则。

(一)正面引导原则

在积极心理教育中,应从正面引导大学生对生命的热爱和珍惜,开发各种潜力,培养积极心理品质,增强心理免疫力和对不健康心理的抵抗力。在教育过程中,应该尽量去选择那些积极的主题。例如,过去我们把太多的注意力放在了悲观的解释风格是如何形成的,悲观如何导致抑郁,以及如何防止悲观等问题上,那么现在我们就要更多地去谈论乐观是如何形成的,乐观如何增进健康,以及如何去学习乐观等。

(二)成功性原则

在积极心理教育中,组织的各种教育活动都必须使学生产生成功快乐的体验、减少失败的体验。成功对大学生的发展具有很大的激励作用。心理学研究认为,学生在学习活动中取得成功和失败,会引起心理上不同的情绪体验,并且这种体验有一种循环效应。一般来说,取得成功的人,通常所产生的是一种自我满足和积极愉快的情绪体验,而遭受失败的人,体验到的却是一种痛苦和失望的消极情绪。

在大学生的发展过程中,自尊、自信是一种非常重要的心理品质,而成功与自尊、自信可以说是有一种千丝万缕的联系。一个人如果在大学时代能对自己的学习、工作满怀成功的信心,必将会为他将来从事的社会事业打下良好的心理基础。在个人发展的过程中,成功本身也许并不重要,但人们需要体验到做成自己想做的事,实现自己的计划时那种满足的心情,即体验成功的感觉,所以在大学生积极心理教育中要始终贯彻成功性原则,使大学生体验成功的感觉,以激发学生固有的积极品质和潜力。

同时在积极心理教育的过程中,要引导和帮助学生正确面对失败。因为由于各种主客观因素的限制,大学生在学习和生活中受挫是常有的事,关键是怎样对待所遇到的挫折和不幸。

(三)情景体验、活动参与性原则

在积极心理教育中要注意让学生参与所开展的教育活动,当教育的要求通过学生积极的体验转化成学生内部的需要、感受时,教育的要求也就真正为学生所有了。

因此在积极心理教育中,要通过各种形式的教育活动创设条件,设置情景,让大学生在积极情绪体验中参与活动,从而使心理健康教育的效能得到提高。

(四)团体训练原则

积极心理教育的对象不仅仅是学生的问题和问题学生,而是全体学生心理潜能的全面开发和积极心理品质的全面发展,所以应该以那些能够涉及更广大学生群体的教育方式为主导,具体包括开设心理健康教育课程、团体辅导、讲座和各种媒介的宣传等,要充分体现群体互动的力量,强调资源共享,传播幸福、共同进步。

(五)评价多元化原则

在积极心理教育中,为了更好地促进学生的发展,突出评价的发展性功能,评价应以形成性评价为主。在评价中,采取评价尺度多元的方式对不同的学生采取不同的评价标准进行评价,使所有学生在自我努力的基础上取得自己满意的结果。用多元智能理念审视、评价大学生,这样才能使大学生正确认识自己,通过自己的努力达到自己理想中的目标。也可以让学生学会发挥优势,为自己的发展进行科学定位和科学设计。

四、大学生积极心理健康教育的途径和方法

积极心理品质的形成是一个行为过程,也是一个心理体验的过程。积极心理学认为:通过增进个体的积极体验是发展个体积极人格、积极力量和积极品质的一

条最有效途径。在个体有了更多的体验之后,他就会对自己提出更高的要求,同时由于这种要求来自个体的内部,所以更易形成某种人格特征。因此在大学生积极心理健康教育中应以增进大学生的积极体验为主。

(一)积极体验在大学生心理健康教育中的作用

1. 它能使大学生释放由消极情绪所造成的心理紧张

长期的消极情绪体验会给人造成严重的心理紧张,这种心理紧张能使机体长期处于应激状态,这对人的身体健康非常有害。据世界卫生组织的有关研究表明,人体患癌症并非完全是由基因因素和外在的各种致癌物所引起的,人的心理因素也是一个值得人们引起高度重视的致癌因素。英国伦敦皇家抗癌研究会曾对1080名肿瘤患者进行了调查,其调查结果显示:有81.2%的恶性肿瘤病人在患病前都曾受到过失业、离婚、失去亲人等负性生活事件的影响和刺激,也就是说他们都曾经历长期的负性情绪的体验。另外,我国心理学家在这方面的一些相关研究也发现:长期的情绪压抑容易患消化道癌症;长期的悲观、失望情绪易患子宫颈癌;长期极度焦虑、恐惧的情绪则易患乳腺癌;长期的个体情绪释放受到某种限制则是肺癌的主要诱因之一。长期的消极情绪体验能导致人机体发生病变。因此要拥有健康的身体,避免癌症或其他恶性疾病的发生,就必须拥有积极的情绪。积极的情绪不但能帮助你远离癌症或其他一些机体疾病,而且即使机体生了病,也容易通过治疗而及时得到恢复。

对大学生来说,生活中的负性事件几乎是不可避免的,再加上人性在进化过程中本身所存在的一些弱点,负性情绪也几乎是不可避免的。因此帮助大学生摆脱负性情绪的困扰自然也就成了心理教育的一大任务。但怎样摆脱呢?过去的心理学实践已经证明,如果只是一味地纠缠于负性情绪本身是不能解决这个问题的,积极心理学认为,释放由消极情绪所造成的心理紧张可以通过积极情绪的扩建作用来得以实现。也就是通过获得更多的积极情绪体验来消除这种心理紧张。心理学的有关这方面的实验已经表明,积极情绪体验能控制或延缓消极情绪所导致的各种心血管的异常变化,如血压上升、心跳加快等,它能迅速使心血管的这种异常变化回归到正常的基准线。不管是活跃性程度较高的积极情绪——如欣喜、兴奋等,还是活跃性程度较低的积极情绪——如满足、安详等,它们都具有这种功能。

2. 它能够扩大大学生的认知系统

实验表明:积极情绪能扩建个体的行为或思想,而消极情绪则能缩小个体的行为或思想。实验结果还表明，积极情绪和消极情绪本身的不同强度（唤醒水平的高低）对个体行为或思想的扩建或缩小功能也有着一定的影响。对积极情绪来说，强度越大，其扩建功能就越大；对消极情绪来说，强度越大，其缩小功能也就越大。

（二）以增进大学生积极体验入手，培养积极人格

人格是生理机制、外部行为和社会环境三者的交互作用。积极心理学特别强调，人格首先是一种外在的社会活动，然后在一定的生理机制的作用下而内化为个体的一种稳定的心理活动，人格从某种程度上说是个体内化本身外在活动的结果。而如果外在的社会活动要被内化为个体内在的积极品质，那么积极体验则在其中起了至关重要的中介作用。

积极人格的培养是一个行为过程，也是一个心理体验的过程。积极心理学注重学生在心理健康教育规则中的参与、活动与体验，注重让学生积极主动地关心自己的心理发展，它认为个体在积极体验条件下产生的新要求主要是来自个体自身的内部，是人对内部动机的觉知和体验，所以它更容易和个体的先天气质特点发生内化而形成某种人格特质。体验是直接的，自我的、他人无法替代的，在体验中主动探究自我内心世界，在探究中发现问题、解决问题，增强个人抗挫折能力。

1. 采取互助式的教育方式

互助式的教育方式是指人们通过各种行为，彼此有意识地施加心理影响，使参与者的心理素质向积极方向发展变化。在此过程中学生可以通过各种方式满足自己的心理需求，促进心理发展，维护心理健康的活动。采取互助式的教育方式有利于大学生情绪的唤起和情感的共鸣，以达到“助人自助”的教育目标。在教育中要始终以大学生为中心，注重学生主体活动的主动性、参与性，协助、启发大学生的思考，使心理健康教育课程成为大学生情绪调节、情绪体验的过程。具体地可以采取互助式心理探究、互助式心理训练、互助式心理辅导、互助式心理暗示、互助式心理激励。

互助式心理探究即是让学生自主选择与其心理发展、心理问题相关的专题进行研究，并在此过程中获取心理知识、掌握心理调节方法、解决心理问题、促进心理发展的活动。在研究过程中满足学生的好奇心、获取心理知识、掌握心理方法、解决心理问题，促进心理发展，探究的内容可以是如何集中注意力、培养自信心、培养意志力、培养积极心态、受人欢迎的心理品质、如何调控情绪、如何处理异性情感、

积极应对压力等,通过探究让学生树立心理健康意识,形成乐观、向上的心理品质。

互助式心理训练是指群体式的心理训练活动。在自助式心理训练中,学生既是被训练者也是训练者,在接受训练的同时用自己的感受、体会、经验去帮助其他同学,在完善自身心理品质的同时主动纠正自己的心理偏差,从而达到互相训练、互相学习、共同提高的目的。自助式心理训练的主要方法是角色扮演法。由学生扮演各种角色,如扮演班长、班主任、教师、导游、企业家、主持人等角色,让每个学生根据所处的环境和场合,不断调节、变换自己的角色,适应不同的社会环境,学会社交技巧和应变能力。除了角色扮演法以外,还有集体演讲训练法。每种方法都可以有效地促进大学生的心理发展。

互助式心理辅导是让学生在寻求辅导的同时充当辅导者。开展互助式心理辅导是以充分相信学生为前提的,学生虽然不像专业教师那样受过专业心理学系统训练,但他们却具有真诚、关爱、热情等品质,加上同龄人之间的心灵相通,很容易产生心理共鸣,所以互助式心理辅导往往能收到良好的效果。

互助式心理暗示是指学生采用言语和非言语手段,含蓄而间接地对自己或其他同学的心理和行为施加积极影响的活动。积极的暗示可以帮助被暗示者稳定情绪、树立自信心及战胜挫折和困难的勇气。同学之间的心理暗示效果比较好,因为同学之间的关系密切,共同点多,影响力大。在互助式心理暗示中,一定要用积极的暗示,避免消极的暗示。

互助式心理激励是指同学之间互相给予积极的激励,使每一个学生都能以积极的心态对事、对人、对己、对待学习和生活。每个学生都有认识自己的愿望,大学生已有一定的自我分析、自我判断、自我思考、自我选择、扬长补短的能力,但他们仍需要他人帮助自己认识自己。开展互助式心理激励就是要让学生彼此给予积极的刺激,使他们在互相激励中提高自我认识,使心理素质得以提高,潜力得以挖掘,共同进步。

2. 采取自我教育的方式

教育和自我教育都是人类文化传承的手段,但教育往往是一种被动的、接受性的活动,而自我教育则是主动的、能动性的活动。所谓自我教育,即自己教育自己,是个体根据教育主体的要求和自身的发展需要,有目的、有计划地对自我提出任务,确定自我实现的目标,自主设计行为方案,主动采取措施,自觉进行思想转化与行为控制,把自我作为认识和改造的对象,通过自我认识、自我选择、自我反省、自我调控等方式提高和完善自我道德品质与综合素质而进行的一种教育培养活动。

在教育史上，对自我教育做出理论探索与实践追求的是教育学家苏霍姆林斯基，他的有关自我教育的一些论述成为教育的经典语录："没有自我教育就没有真正的教育"，"任何人如果不能教育自己，也就不能教育别人"。只有通过自我教育，学生才能成为真正的人。

心理健康教育是一种性质特殊的教育，究其实质是一种助人自助和心理的自我学习。大学生心理健康自我教育，即大学生能够积极地调控、整合自身生理、心理、社会文化素质要素为其心理健康服务的心理过程，是大学生不断深入认识自我、建设自我、超越自我、实现自我的系统过程。自我教育的意义在于尊重大学生的主体地位，体现以人为本，满足大学生的心理需要，发挥大学生的自觉能动性，增强心理健康教育的实效性。

积极心理学认为，人格特定的生理机制会产生与它相应的行为模式，但人格不完全是由先天遗传因素来决定的，外在的行为与社会环境对人的生理机制产生着重大的影响，即人格首先是一种外在的社会活动，然后在一定的生理机制的作用下而内化为个体的一种稳定的心理活动。因此我们可以通过发展人的良好行为和社会的良好环境来达到建构人的积极人格，而要发展人的良好行为和社会的良好环境，我们又可以通过发展人的积极行为能力，因为具有了积极行为能力的人，他可以对自己的心理体验和行为方式有意识地施加一定的积极影响，从而影响自己的人格建构。这样，一个人的自我教育能力就被纳入到了人格的建构中。

自我教育是在一定的遗传基础上，在环境和他人教育的条件下生成和发展的，它一旦形成，就积极地反过来发挥作用，极大地影响个人的成长，它在大学生的成长过程中起的作用尤为重要。大学生已有一定的自我观察、自我分析和自我评价的能力，他们在社会化和自我意识确立过程中不仅是教育的客体，而且还是教育的主体。只有当他们把教育者提出的要求变成自我要求，使之在言行方面能从动机和效果上来检查自己，对自己的思想和行为进行自觉监督和控制，排除来自主客观方面的各种不良因素的干扰，用理智去战胜不良倾向，用道德去战胜不符合社会和他人利益的个人主义动机，使自我意识向着健康、积极的方面发展，这时教育才真正发挥了作用。离开了学生的自我教育，任何教育都是无效的。因此在大学生积极人格的培养中教师要充分发挥教育指导作用，努力提高自己的修养、知识水平、业务能力和教育方法，思考如何才能帮助学生最充分地发挥其积极性和主动性。掌握获得知识的方法比知识更重要；掌握提升自身心理素质的方法比心理知识更重要。教师在教学过程中要注意向学生传授心理教育方法。学生心理素质的提高、心理问题的解决完全靠自我教育,学生只有掌握科学的心理方法,才能对自己实施正确的心理教育。要使学生掌握自我认知、自我评价、自我管理的方法,能够在日常生活中,利用一切机会挖掘自身的心理潜能,提高自己各方面的能力。培养自己良好的心理品质,掌握"宣泄""投射""升华"等心理防卫方式。能够对自己的情绪进行调节,使自己保持乐观积极的心理状态。

3. 进行归因风格的引导

归因主要是指人们对发生的与自己有关的事或发生在自己身边的事的原因的解释。归因控制点理论认为,人在面临一定的生活事件时,要么把其原因归咎于外部力量,如运气、机遇、命运或者他人的力量等,要么把其原因归咎于自己的内部力量,如智力、勤奋或者其他一些个人的特征等。前一种人的归因控制点在外部,具有外部控制点的人常常会觉得自己对外在事件无能为力;后一种人的归因控制点在内部,具有内部控制点的人常常会觉得自己是生活的主人,自己能控制事件的发生或发展。

塞里格曼认为,在面临失败和挫折时,所有人都会去寻找其原因。"乐观型解释风格"的人会认为失败和挫折是暂时的,是特定性的情景事件,是由外部原因引起的,而且这种失败和挫折只限于此时此地;而"悲观型解释风格"的人则会把失败和挫折归咎于长期的或永久的原因,具有普遍性,是由自己内在原因引起的,并认为这种失败和挫折会影响到自己所做的其他事。而在面临成功和成就时,人们也会去自我寻找原因,但"乐观型解释风格"的人这时会认为成功和成就是自我的内在原因所致,而且是长期的,并会泛化到自己的其他活动中去;反之,"悲观型解释风格"的人会认为自己的成功是因为外在的原因,是一种暂时的现象,它只限于此情此景。因此,具有"悲观型解释风格"的人就容易形成压抑、焦虑等心理问题,随后的一些心理学家(Peterson,等,2002)做了许多的调查研究,结果都证实了塞里格曼的这一观点。到了20世纪90年代末,塞里格曼的这些观点和他的积极心理学主张结合在了一起,从而形成了积极心理学的人格理论。

教师作为大学生成长过程中的重要引路人,他的教育态度、风格等对学生解释风格的形成有着重要的影响。因此教师首先要有一个积极的风貌,积极的人生态度。其次可以从归因风格上对大学生加以正确地引导。引导学生注意科学归因,要考虑因果结构的各个方面,对事情的原因进行全方位的分析,同时要警惕归因不良现象,防止情绪和动机对归因的潜在干扰。在对成败归因时,除了要合理归因外,还应把握一个策略问题,更多地关注可控性因素,如努力、学习方法等,因为这些因素操纵在自己手里，所以可以增加一个人的自信。另外要引导大学生冷静地反思自己的归因方式对自己自信心的影响，然后进行相应的积极调整，改变消极的归因，感受到更多的主动性，增强自信。

总之，在实施积极心理健康教育的积极体验模式中，一切工作要围绕着促进、诱发、方便和推动大学生进行积极体验来展开，要组织积极有效的活动，创设有感染力的、真实的情境来触发学生的切身体验，提高心理健康教育的效能。

五、积极心理学视野下的高校心理健康师资建设

（一）当前高校心理健康教师存在的问题

1. 师资力量严重不足

近 20 年，各高校纷纷成立专门的心理健康指导中心或心理咨询中心，并逐步在全国范围内普及大学生心理健康教育。从表面上看，各高校已基本普及心理健康教育，但大学生心理健康教育的效果不如人意。目前高校心理健康教师的质与量不足，这一矛盾是制约大学生心理健康教育效果的瓶颈。很多心理健康教育工作不得不由兼职心理健康教师承担，他们大多为各学院的辅导员，往往拥有丰富的学生思想政治工作经验，却缺乏系统的心理学学习经历和大学生心理辅导与咨询的实践经验，因此，在心理健康教育中习惯于理论讲授或指导建议，难以体会大学生真实的内心需求与感受，也难以把握促进大学生心理成长的助人技术，结果往往导致大学生对心理健康教育的排斥和抵触。

2. 职业倦怠较为普遍

教育强调“育人”先“育己”。积极心理学视野下的高校心理健康教育首先要求教师自身具备幸福的能力，在课堂上播撒幸福的种子。然而，目前高校心理健康教师普遍感觉难以从工作中获得持续的成就感和幸福感，职业耗竭现象更是屡见不鲜。首先，成长于知识经济时代的大学生普遍个性鲜明，自主感强，情感复杂，思维活跃，再加上逐年递增并越来越错综复杂的学生心理健康问题，所有这些发展与变化都对高校心理健康教师的专业能力和综合素质提出了更高的要求。其次，各高校心理健康教师的自我支持和组织支持力量不够完善。一方面，心理健康教师自身专业胜任力不足，或缺乏对教学工作的钻研与投入，往往难以从工作中获得成就感和满足感；另一方面，目前针对高校心理健康教师的选拔、管理、培训等专业化发

展体系也并不完善。总之,工作要求的不断提高和支持系统的相对匮乏之间的矛盾是导致目前高校心理健康教师职业倦怠的主要原因。

3. 教育理念明显滞后

积极心理学指导人们通过发现个人优势、利用创伤和挫折转变为成长机会、探索生命的意义、建立良好人际关系、坚持运动等具体策略提升个体的幸福能力。

然而,目前高校心理健康教师的教育理念,往往注重心理健康知识的普及,尤其是侧重于大学生常见心理问题的识别与应对,不仅忽视了大学生自身固有的积极力量与优势品质,还忽视了大学生内心对蓬勃人生的渴望与追求。在教学内容上,为了说明某一心理问题,往往以严重心理障碍的大学生案例为例。这种疾病模式的心理健康教育常常导致学生杯弓蛇影的心理,对自己或他人身上的一些不足过分警觉,形成不良暗示。在教学方式上,侧重于知识的讲授与传递,师生之间缺乏平等真诚的交流与分享,更缺乏对学生积极力量和优势品质的激活和发现。总之,滞后的教学理念及陈旧的教学方法往往导致大学生在心理健康教育过程中消极被动和抵触厌烦,而这种牵强附会的教学效果和教学氛围往往反过来又加剧了心理健康教师的职业倦怠。

(二)积极心理学视野下的心理健康师资建设

1. 加强心理健康教师专业化发展,提升工作满意度

积极心理学认为,幸福和生产力的关系是双向的,令人满意的工作状态能增进人的幸福感,而幸福感反过来进一步提高生产力。清晰的角色定位、支持性的管理、发展技能的机会、工作环境与个体的技能相符等因素是影响工作满意度的主要因素。因此,加强心理健康教师专业化发展,提升教师工作成就感和满意度是积极心理学视野下心理健康师资建设的首要任务。首先,从事大学生心理健康教育的教师,应同时具备心理健康教育相关专业的学历学位和心理咨询师的专业资质,确保工作要求与个人专业特长相一致;其次,高校心理健康教师的管理应从学生工作部门独立出来,摆脱日常工作中的烦琐事务和多头管理,成立专属的心理健康教育研究机构,专门负责大学生心理健康教育与心理咨询工作,为大学生心理健康教育专业发展提供更高的自主权;另外,高校心理健康教师在肩负心理健康教育课程的同时,必须承担一定比例的心理咨询工作,促进教学实践和咨询实践的有机结合,切实提高心理健康教师的综合专业能力;最后,高校应重视大学生心理健康教育教师的继续教育,确保兼职心理健康教师定期参加专业培训和案例督导,确保其专业能力的不断提升，以满足日益走高的工作要求。

2. 优化心理健康教师人格品质，提升积极的心理资本

积极心理学关注人的积极力量，而积极力量的核心便是积极的心理资本。积极的心理资本包括自我效能感、希望、坚韧与乐观四个要素。积极的心理资本具有积极正向的导向作用，直接影响人们的工作绩效、工作和生活态度以及与此相关的生理问题和心理健康问题。因此，一个合格的积极心理学导向的心理健康教师，自己必须是积极心理学的实践者与受益者，自己应该在生活中不断提升自己的积极心理资本。首先，心理健康教师可以通过自学、专业培训、咨询实践及案例督导等形式深入系统地学习积极心理学的基础理论和实践技术。其次，心理健康教师作为一个普通人，必然会面对各种生活和工作的挑战、压力与挫折，因此，借鉴积极心理学的思想，心理健康教师需要用积极乐观的视角看待问题，用积极灵活的行为应对问题，努力提高自己应对压力与挫折的信心与能力，增强自身心理弹性和自我效能感。最后，高校心理健康教师自身要善于反思、勇于实践，坚持不懈地将积极心理学的积极元素嵌入到自己的现实生活中去，提升自己的幸福能力。比如，善于发现和发挥自己的优势品质和潜力，无条件地接纳自我；专心投入工作，享受工作的乐趣；心怀感恩与感激，保持积极乐观心态；宽容豁达、乐善好施，与他人保持和谐的人际关系等。

3. 改进教学理念和教学方法，提升教学效果

高校心理健康教师应树立积极型教育理念，将培养学生积极情绪、塑造积极人格及营造积极环境，最终将提高大学生的幸福能力作为心理健康教育的最终目标。当然，积极型的教育理念必须充分体现在具体的教学实践中，才能真正提升教学效果。

首先，在教学内容上，心理健康教师需要在课堂上传授幸福的元素，如乐观、希望、坚韧、意义、成就、积极关系、美德、感恩等积极元素。其次，在教学形式上，心理健康教师要创造性地将心理活动与体验分享等形式融入理论讲授中，让学生在活动中体验积极情绪，发展积极思维，塑造积极人格。最后，在教学氛围上，心理健康教师要注重营造尊重平等的教学氛围，鼓励学生积极参与，尊重学生的个性差异，肯定学生的创新思维，发现学生的力量和优势等。以大学生情绪管理这一章为例，消极型教育理念的高校心理健康教师可能会将认识情绪、探索情绪及调控情绪作为本章的三个知识点，将大学生常见情绪问题及其应对策略作为教学重点与难点，教学方式以直接讲授为主,案例分析为辅。而积极型教育理念的心理健康教师可能会从心理活动切入,让学生回想今天生活中最美好的三件事情,通过活动与分享,发掘学生内在的积极情感和情绪。之后,心理健康教师可能会设计一个感恩拜访练习,让学生回想生活中需要感恩的人,并在课后采取行动表达感恩之情,鼓励学生体会与分享表达感恩之后的感受。与传统教学中学生被动接受知识不同,心理活动带来的切身体验更容易被学生理解和接受,并内化为学生内在的积极心态与积极情绪。总之,积极心理学导向的心理健康教师在教学内容、教学方式上创造性地嵌入积极元素,营造平等交流、友爱分享的教学氛围,以激发学生潜能和美德,培养学生积极人格品质,最终提高学生发现幸福与创造幸福的能力。

积极心理学旨在帮助人类发掘力量和美德,塑造积极心理品质,为幸福人生奠定基础。积极心理学与高校心理健康教育的结合是大学生心理健康教育发展的必然趋势,而完善心理健康师资建设是积极心理学视野下高校心理健康教育的基本保障。加强心理健康教师专业化发展,确保专业的自主性和发展性,提高教师工作满意度是心理健康师资建设的首要任务。优化心理健康教师人格品质,提升教师自身的积极心理资本是心理健康师资建设的前提条件。改进教学理念,创新教学方法,提升教学效果是心理健康师资建设的基本要求。

六、高校心理健康教育对大学生主体的关注

积极心理学提倡关注培养人的积极力量和积极品质,它将研究应用目光转到正常人。针对目前高校育人工作的需要,结合积极心理学的内涵,心理健康师资队伍应以人为本,围绕培养学生的积极品质、挖掘学生潜在的力量、促进学生个体的发展、提高个体幸福这四个方面具体着手,其目标是提高学生心理健康水平,实现学生积极向上、健康发展。

(一)高校教师应关注新生积极心理的培养,合理实施“四个一”

大学生在校期间,作为实现个人发展的引路人,高校教师特别是班主任需要根据新生的情况和心理特点重视对“四个一”活动的安排,发挥有个性而有意义的“灯塔”引领作用。加强学生归属感,带领新生参观新校园,对有历史背景、有特殊含义的位置进行重点宣传,结合本校的校训传递正能量。还可以进行具有专业特色的入学教育,让新生对即将生活四年的学校有一个全面的认识,对未来的发展也有大

致的了解，帮助他们适应新环境、新生活，进而消除负面情绪。学校的学工处还可推行“一班一助”制，推选出有能力的学生干部。高校班主任应陪伴新生的成长和蜕变，不仅需要热情与爱心，还需要方法和专业。做好“四个一”的计划安排，有助于新生积极心理的培养，帮助他们较快地适应大学生活。

（二）保证学生的思想政治教育内容质量，担起健康成长指导者和引路人的责任

高校教师特别是班主任需要通过日积月累，逐步向学生传递正能量，可利用学生主题班会、心理班会等机会，弘扬正确的价值观。内容可与日常学生管理工作、学生课外学习等许多方面挂钩。

（三）开展系列“书香阅读”活动，培养学生的课外阅读兴趣

培养学生的课外阅读兴趣，提高阅读能力，有利于精神食粮的汲取，有利于知识文化的积累，更有利于培养有内涵的人才。不仅能促进个人发展，又能提高个人幸福感。可以鼓励大学生阅读一些有积极意义的书刊，如《读者》《青年文摘》等，同时展开读后感征文活动。

（四）多方协动，抓学风促学业

高校班主任一方面应配合学工部门，秉承校训，继续发扬各院系优良学风传统，可开展手机收纳袋活动。利用手机收纳袋推进考勤制度，将手机收纳袋使用情况与考核评优结合起来，帮助学生养成良好的学习习惯，促进良好学风建设。另一方面充分利用现代技术及相关软件，了解学生的学业状况。根据大数据统计数据，了解学生的成绩水平，有利于及时发现存在严重学习问题的学生。利用微课平台，了解学生学习专业知识和其他素质课程的情况，帮助他们形成良好的心理状态。

第五章　大学生心理健康教育方法与技术实践

大学生心理健康教育是一项复杂的系统工程，具有很强的科学性、知识性，其工作目标、内容、原则、途径有其自身的内涵。正确把握高校心理健康教育的内涵和外延，是全面、系统、有效开展心理健康教育的前提，是心理健康教育工作科学化、规范化、专业化的保证。本章对大学生心理健康教育方法与技术实践进行研究。

第一节　大学生心理健康教育方法与实践

一、团体心理辅导

（一）团体心理辅导的类型[①]

1. 发展性团体心理辅导

发展性团体心理辅导是目前应用最广的团体心理辅导形式，特别在成长发展中更受关注。发展性团体心理辅导以自我成长与自我完善为重点，参加者主要是健康的正常人或抱有某些烦恼的正常人，参加的动机多半是为了更好地了解自己，充分发挥潜能，实现自我发展。

发展性团体心理辅导的基本理念是：人生是一个成长过程。在其中，每个人都会不断地遇到大大小小的困难，如果能够克服困难，人们便能在心智上有所成长。

---

① 本资料参考李军霞编写的《校园团体心理辅导理论与务实》。

发展性团体心理辅导通过团体成员的主动参与和自我探索，培育和增加自尊感和责任感，从而促进个人素质的发展。例如，领导才能提升团体、自我成长团体等。

2. 训练性团体心理辅导

训练性团体心理辅导着重人际关系技巧的训练与培养，参加者是那些希望提高人际交往能力、建立和谐人际关系的人。强调通过团体环境中的行为训练来帮助成员学习如何有效地交往、如何解决问题、如何做决定、怎样表达自己的意见等。例如，敏感性训练团体、社交技巧培训营等。训练性团体心理辅导就是通过团体成员相互作用的体验，学习对自己、对他人、对团体的理解和洞察，并掌握处理人际关系的技能。它有三个特性：第一，强调此时此地，不涉及成员过去的行为；第二，强调过程，不强调内容；第三，强调真诚的人际关系，尊重他人，有利于他人的成长。训练性团体成员为10～15人。

3. 治疗性团体心理辅导

治疗性团体心理辅导是为了有特殊心理问题的人而设的，通过团体特有的治疗元素，如团体中所提供的支持、关心、感情宣泄等，以改变成员的人格结构，增强成员的自觉，使他们达到康复的功能。例如，考试焦虑治疗团体、社交障碍矫正团体等。治疗团体一般持续时间较长，所处理的问题也比较严重，往往针对某种行为异常，如焦虑、抑郁、性问题等。治疗性团体心理辅导的重点是处理过去的经验影响及潜意识的因素，同时或多或少必须改变个人的人格结构。因此，治疗性团体对领导者的要求比发展团体更严格。

4. 心理教育团体

心理教育团体综合了心理辅导及信息教育二者的功能。例如，在医院中，若病人对自己所患疾病的知识有较全面的掌握，这可令病人有较佳的感受，这也有助于病人与医生的沟通。然而，在心理教育团体中需注意以组员情绪上的需要为主，信息上的需要为辅；领导者慎防使用艰深的术语和过量的数据，解说及指引要符合具体、浅显、清晰的原则。

5. 身心灵全人健康模式团体

有心理困扰或身体病患的人，更有人际交往、经济、情感和精神上的需要。

身心灵全人健康模式团体强调人是一个整体，因此照顾也要全面。团体提供多方面的信息，包括病患相关知识、健康饮食、保健运动、人际支持网络、义务支持服务、静修冥想练习、情绪及心灵成长课程。

(二)团体心理辅导的优势和局限[①]

1. 团体心理辅导的优势

1)团体心理辅导影响广泛

对团体内每一个成员来说,多数都存在多个影响源。参加团体心理辅导最有价值的地方是不论交流信息、解决问题、探索个人价值还是发现他们的共同情感,同一团体的人都可以提供更多观点和资源。每个团体成员不仅自己接受他人的帮助,同时学习模仿多个成员的适应行为,从多个角度洞察自己,也可以成为帮助其他成员的力量,当多个成员聚在一起时,他们会发现自己的困惑并不是独一无二的,许多人拥有类似的困扰、担忧、想法、感受和体验,这种体验对克服困难非常有帮助。而且在团体情境下,成员之间互相支持,集思广益,共同探寻解决问题的办法,减少了对领导者的依赖。

2)团体心理辅导效率高

在每一个团体中,团体成员都是因为同一个目标而聚在一起的,这样可以节省大量的时间和精力,也可以满足团体成员对心理辅导不断增加的需要。团体有间接学习的作用,成员之间有机会听到和自己类似的忧虑,通过观察他人怎样解决其个人问题,从而受到启发,学到很多知识。

3)团体心理辅导成效易巩固

团体心理辅导创造了一个类似真实社会生活的情境,为参加者提供了社交的机会。团体是社会的缩影,成员在团体中的言行往往是他们日常生活行为的复制品。在充满安全、支持、信任的良好团体气氛中,成员通过示范、模仿、训练等方法,使得团体特别适用于改善人际关系,培养团队精神。参加者可以尝试某些新技巧和行为,将其迁移和扩展到他们的日常生活行为中去。

4)团体成员互动互助超越个人辅导

当团体成员能够自我肯定后,其思想、心态的转化、蜕变可超越当前的困扰和问题,重新架构其人生意义和定位。有的团体成员更可由自身的困扰转移至帮助和鼓励他人。

2. 团体心理辅导的局限性

团体心理辅导有优越于个别心理辅导的地方,在心理辅导中有非常重要的作

① 本资料参考李军霞编写的《校园团体心理辅导理论与务实》。

用,特别对人际关系适应不佳的人有特殊用途;但团体心理辅导也有其局限性。团体心理辅导的局限性表现在以下几个方面:

(1) 在团体情境中,个人深层次的问题不易暴露;

(2) 在团体情境中,个体各有差别,以至难以照顾周全;

(3) 在团体情境中,有的成员可能会受到伤害;

(4) 在团体沟通过程中,成员可能会知道他人的隐私,可能在团体以外无意中泄露,带给受助者不便或伤害;

(5) 团体心理辅导对领导者要求较高,不称职的领导者会带给团体成员负面影响。

然而,团体心理辅导的优点与局限性并非绝对,要充分发挥团体心理辅导的优点及尽量减少问题,可以采取相应的措施,如团体辅导开始前要有明确的团体规范,注意保密原则等。

(三) 团体心理辅导的功能与目标

1. 团体心理辅导的功能

人是社会性动物,人类的行为都具有社会性意义,通过团体历程进行的学习既真实又有价值。一个人要了解自己,最好是从团体中去了解;要改变自己,最好是从团体中去改善;要实现自我,最好是从团体中去实现。因此,团体心理辅导具有教育、发展、预防与治疗四大功能。

1) 教育功能

团体心理辅导的过程是一个借助成员之间的互动而获得自我发展的学习过程。团体心理辅导非常重视成员的主动学习、自我评估、自我改善,有利于参加者的自我教育。团体心理辅导的过程还有利于培养参加者的社会性,学习社会规范及适应社会生活的态度与习惯。成员在团体中可以进行信息交流,相互模仿,检视现实,尝试与创造,学习人际关系技巧等,这些都具有教育意义。

2) 发展功能

团体辅导的积极目的在于发展的功能,这是咨询心理学遵循发展模式的直接体现。通过团体活动可以改善成员不成熟的偏差态度与行为,促进良好的心理发展,培养健全的人格。尤其是学校团体辅导能给予正常学生以启发和引导,满足学生的自我发展需要,促进其自我的了解与接纳,改进人际关系,学习建立充满信任的人际关系所必备的技巧与方法,养成积极应对问题的态度,对自己充满信心,对未来充满希望。

3）预防功能

团体辅导是预防心理问题发生的最佳途径。团体心理辅导可使成员加深对自己的了解与认识,懂得什么是适应行为,什么不是适应行为;可提供更多的机会让成员之间交换彼此的意见,互诉心声,讨论日后可能遇到的困难及应对策略,增进对问题独立处理的能力,预防心理问题的发生或减少心理问题发生的概率。成员在团体中可以更好地了解他人、接纳他人,满足隶属感和互谅互爱的需要,这些都具有预防的功能。

4）治疗功能

心理治疗学家强调人类行为的社会相互作用。团体活动的情景比较接近日常生活与现实状况,以此处理情绪困扰与心理偏差行为容易收到效果。在团体中个人的问题或困扰可以借助一般化作用而勇敢面对,借助澄清与回馈获得了解,借助净化作用与洞察获得纾解。

2. 团体心理辅导的目标

在团体心理辅导过程中,团体目标具有以下四个功能。

1）导向性

团体目标引领着团体活动过程的方向,是领导者与成员经过共同努力要实现的状态。

2）聚焦性

团体目标可以协助成员将自己的注意力集中在团体主题上。

3）激励性

团体目标有助于调动成员的积极性,努力克服暂时的困难,而最终达到目标。

4）评估性

团体目标为领导者评价带领团体的效果,以及适时调整团体活动主题提供了一个参照标准。

Paterson(1985)将团体心理辅导的目标分为直接目标、间接目标和终极目标三个层次,终极目标是自我实现、自我认识和促进自我成长。台湾学者王连生认为团体心理辅导的目标可分为一般目标与特殊目标。一般目标是指通过各种团体活动的形式,促使参加者获得生长发展的机会,加强他们的兴趣与经验,培养他们对社会的习惯态度与责任,以更好地适应社会。特殊目标是指团体心理辅导协助参加者养成独立意志与性格,以应付多变的情况,获取社会敏感与真实的人格成熟的独一无二的途径。

樊富珉从团体心理咨询的特点出发，将团体心理辅导的目标分为独特性目标和一般性目标。

所谓独特性目标是指每一个团体心理辅导都具有明确的针对性，例如，自信心训练小组的独特性目标是增强自信心；人际关系训练团体的独特性目标是改善人际关系，掌握交往技能；戒毒团体的独特性目标是帮助成员从吸毒的“泥坑”中挣脱出来。

一般性目标是指无论哪种特殊目的的团体心理辅导，在团体活动中都会包含的目标，具体可概括为以下 6 条。

(1) 通过自我探索的过程帮助成员认识自己、了解自己、接纳自己，使他们能够对自我有适宜性看法。

(2) 通过与其他成员沟通交流，学习社交技巧和发展人际关系能力，学会信任他人。

(3) 帮助成员培养责任感，关心而敏锐地觉察他人的感受和需要，更善于理解他人。

(4) 培养成员的归属感和被接纳感，从而更有安全感，更有信心面对生活中的挑战。

(5) 增强成员独立自主、自己解决问题和抉择的能力，探索和发现一些行之有效的途径来处理生活中一般发展性问题，解决冲突矛盾。

(6) 帮助成员澄清个人的价值观，协助他们做出评估、修正和改进。

(四) 高校团体心理辅导的组织与实施

高校大学生都处在相似的身心发展阶段，有着共同的发展课题和成长困扰，同时，成长中的他们更关注同伴对自己的评价，更容易接受同龄人的建议，这就使得团体心理辅导在高校具有广阔的应用前景。为确保高校团体心理辅导活动达到预期的目标，要切实遵循团体心理辅导工作原理，准确定位活动目标与主题，科学设计工作方案，注重甄选团体成员，并做好评估工作。

1. 确定团体心理辅导的主题

主题是团体心理辅导的灵魂，团体的一切工作都必须围绕着主题来开展。根据高校心理健康教育的内容、目标，高校团体心理辅导涉及的主题主要包括人际交往(同学、师生、亲子)、异性交往、情绪管理、压力应对、认识自我、自信心提升、潜能开发、生涯发展、新生适应、班级凝聚力、学习行为等与大学生心理成长相关的问题。确定团体心理辅导的主题首先要确定团体的性质和目标。

1)团体的目标

目标是团体的航向,是对团体心理辅导整个过程的预期。团体目标必须清晰、具体、可操作,这是确保团体心理辅导成功的关键。另外,目标与团体成员的主观需求一致性越高,团体的凝聚力就越强,辅导的效果也就越明显。高校团体心理辅导的目标可以分为两大类。

第一,以帮助大学生解决各类适应性困难为目标的团体心理辅导。例如,新生适应团体,其目标是帮助新生适应陌生的环境,消除陌生感、孤独感,感受集体温暖,投入新的学习生活;人际沟通团体,其目标是协助成员观察与学习人际吸引与沟通技巧,体验积极沟通和沟通差异性,提升人际交往技能。

第二,以促进大学生素质全面发展为目标的团体心理辅导。例如,生涯规划团体心理辅导,其目标是帮助学生形成“生涯发展”的理念,帮助他们澄清职业价值观,了解自己的优点和限制,学会规划,以实现自我理想,经营美好的人生。

2)团体的名称

团体心理辅导的主题要与大学生的学习生活、成长发展密切相关,也就是说要选择大学生密切关注的主题。为了达到这一目标,在确定主题和名称前可以与相关学生一起讨论。在给主题命名时,还要注意以下两点。

名称要通俗易懂,并准确定位心理需求切入点。一般来说,名称要符合大学生的语言习惯和审美标准,晦涩难懂、命令式或“贴标签”的名称都会导致学生不敢或不愿参与。例如,高职高专学生普遍存在学习动力不足的心理特点,组织学习策略类团体心理辅导非常有必要,但如果将名称定为“压力应对”,可能吸引力不够大,但是把名称改为“与压力共舞”,可能会吸引一部分成员。总之,主题及名称既要清晰、具体,又要通俗易懂,并迎合学生心理需求,确保学生参与的兴趣。

名称要与欲解决的核心问题紧密结合。大且不切实际的名称,会使学生失去对团体心理辅导的信任。有的组织者为了吸引更多的成员参加,可能会在前期宣传时夸大活动效果。如将“革新未来”作为一个生涯探索团体的名称,而“革新未来”一词包含了更广泛的内容,结果会造成成员的过高预期,这不利于达成辅导效果。

2. 设计团体心理辅导活动方案

设计团体辅导活动方案是指在弄清团体辅导性质、目标与主题的基础上,进一步确定如何开展团体辅导,以取得相应的工作效果。一般来说,高校团体辅导方案设计首先要遵循匹配性强、易于操作、安全性强的总原则。其次要落实各项具体内容，具体来讲包括环节选择与设计、场地选择与道具储备、确定领导者。在方案设计完成后，还应进行讨论和修正，并开展预练，以达到最佳的辅导效果。

1）环节选择与设计

一次团体心理辅导好比一项工程，由一系列环环相扣的环节组成，各环节既要能充分表达主题，隐藏心理表征，营造积极团体情境，显现内在心理动机，转化心理冲突，又相互承转自然，张弛适度，快慢缓急，铺设有序。这些都需要组织者事先研究，精心设计。一般来讲，具体环节包括热身与分组技巧、流程控制与转接、作业设计、材料使用、时间掌握等。每个环节都需要结合实际情况来设计，以确保操作能够顺畅而富于技巧性地完成。另外，在环节选择与设计时，还要预备应急方案，以应对可能出现的成员不合作或不到场等情况。

2）场地选择与道具储备

组织者要重视场地与道具在团体心理辅导中的促进作用。团体心理辅导场地与道具表面上看是物化的，但如果得到巧妙利用，就成为促进团体动力的有利因素，甚至能发挥意想不到的效果。一般而言，场地要求宽阔、舒适、明亮，并配备相应的硬件设施，能满足成员开展活动的要求。在可能的情况下，还要运用音乐、视频营造相应的工作氛围。高校要善于整合或节约人力、物力、财力等资源，为活动创造条件，如充分利用室外资源——操场、画廊等。道具储备缺乏资金时，可以尝试寻找替代品。

3）确定领导者

高校团体心理辅导领导者队伍序列包括专职教师、辅导员及高年级朋辈互助员，他们在专业技巧、工作经验与时间上有所区分。总的来说，一个合格的团体心理辅导领导者必须具备良好的人格特质，对团体心理辅导理论有充分的理解，具备建立良好人际关系的能力，掌握基本的领导技能与专业技巧，具有丰富的咨询经验并能严格遵守职业道德。在此基础上，在确定领导者时，还要考虑到不同主题与层次的团体心理辅导需要不同层次的领导者，才能满足不同层次、类型的团体成员的需求。如新生环境适应团体，对领导者的专业技巧要求不是很高，领导者可以是辅导员或高年级朋辈互助员，但情绪管理团体，其中涉及较多的讨论环节，就需要由具备一定团体心理辅导工作经验的专职心理教师来带领完成。

3. 甄选团体成员

针对高校心理健康教育部门提供的团体心理辅导服务，大学生的态度一般表现为两种，一种是不愿或不敢参与活动，另一种是过于依赖，没有选择性地参加。

大学生自主意识强,既不能通过强制的方式要求他们参加,也不能没有筛选,违背心理教育原则,让所有有意愿的学生任意参加。在开展团体心理辅导前,组织者必须做好甄选团体成员的工作。

1) 招募

(1) 宣传。

通过海报、校园广播、校园网、校园电视台、校刊校报、学生 QQ 群、博客等各种校园媒介,让全体学生了解将要开展的团体心理辅导的主题和有关事项,招募团体成员。

(2) 动员。

动员包括三类:一是辅导员、班主任、任课教师在日常的教育教学中如果认为某个或某些学生有必要参与团体辅导,则可动员他们来参加;二是动员通过心理普查筛查出的有同质性心理成长问题的学生,参加团体心理辅导;三是心理专职教师在日常咨询接待时如果发现某些个案情况适合参加团体心理辅导,也可建议其参加。

2) 筛选团员

(1) 筛选原则。

团体成员的选择应该具备三个条件:自愿报名参加,并有改变自我现状的强烈需要;愿意与他人交流,并具有与他人交流的能力;能够坚持参加团体活动,并遵守团体的各项规则。由该类成员组成团体,才能有利于开展交流,最大化地促进团体动力形成。

(2) 筛选方式。

在报名结束后,要根据团体心理辅导的性质、目标、主题和报名者具体情况,如参与动机、心理状况及成员与领导者的匹配情况等,确定哪些报名者可以参加相应的团体心理辅导活动。

4. 开展辅导活动

团体心理辅导的各项准备工作就绪后,便进入到辅导实施阶段。无论是什么主题、目标、规模的团体心理辅导,一个完整的团体心理辅导都分为几次完成,每次的辅导活动都要经历以下四个过程,而且每个过程都是连续的、相互影响的。在高校开展团体心理辅导也是如此。

1) 团体初创阶段

(1) 阶段任务。

在团体初创阶段,成员一般缺乏安全感,并有较多的依赖、陌生与困惑感,因此初创阶段的主要任务是营造安全、温暖的团体氛围，消除成员的疑问、困惑，帮助成员相互认识，强化团体规范，订立团体契约。

（2）实施要点。

大学生思维活跃，愿意接触新人新事，参与团体心理辅导热情较高，对团体心理辅导的期望值较高，并在自我认识、社会化等方面存在一定主观性，特立独行的情况也较多见。领导者要准确把握这些心理特点，以有效掌控初创阶段。首先，可通过微型演讲，协助成员明确参与动机，同时缓解部分成员的焦虑或紧张。演讲风格要自然、温暖，而非假、大、空。其次，领导者可通过组织比较简单的游戏促进成员的互相认识，这称为热身运动、破冰运动。动态的游戏不仅能使成员紧张的情绪得以放松，而且能拉近彼此的心理距离。当成员之间能比较舒适地沟通并愿意开放自己时，领导者便可以引导团体成员进入讨论阶段，促进自主订立团体契约。需要指出的是，破冰运动虽然较好操作，但如果领导者的开场白不能说服成员，或语言过于简单，或选择的游戏过于儿童化，有可能导致部分成员不合作，或从一开始就失去对团体心理辅导的信任。

2）团体转换阶段

（1）阶段任务。

在团体转换阶段，团体成员心理行为表现为试图积极地融入团体，在团体中找到自己的位置，同时又担心自己不被接纳，害怕受到攻击和伤害。这时，团体成员对其他成员还缺乏信任，团体中会有抗拒和焦虑的情绪。这一阶段的主要任务是增强团体凝聚力，促进团体成员建立合作互信关系，鼓励成员表达和处理冲突。

（2）实施要点。

大学生具有希望自己属于高凝聚力团体的心理需求，有的表现为急于表达而缺乏深入思考，有的表现为想表现优秀而陷入夸夸其谈，内容失去针对性，阻碍团体动力形成，还有的成员抗拒发言，未能全心参与，游离在团体情境之外。面对这一阶段，成员之间的心理与行为表现如下。

首先，领导者要创设宽松的心理环境，鼓励成员讨论团体中出现的问题，主动解决矛盾，使团体成员在互动中逐渐相互接纳、相互认同、相互信任。

其次，要理性分析部分或个别成员想融入团体又担心被伤害的矛盾心理，谨慎、准确地选择恰当时机，采取有效的介入措施，既给成员必要的支持，又施加适度的压力，帮助他们融入团体。

再次，要及时处理成员的焦虑、阻抗等情绪。当领导者觉察有团体成员冲突时,要给予积极解释,力争转化矛盾或将议题转换到带有积极象征的内容上来。

最后,领导者要适当自我开放,真诚接纳成员,力求自身言行对团体成员具有较强的示范作用。

3) 团体工作阶段

(1) 阶段任务。

团体工作阶段是团体心理辅导的关键阶段。这一阶段的任务是在积极、和谐的团体氛围中,通过成员个体的全身心投入,促进成员之间合作,学习并尝试新行为,达到认知重建的目的。

(2) 实施要点。

大学生具有成就动机强、重视社会评价、容易接受同辈影响等积极的心理特点,但是由于过于偏好好的评价,也存在过快、过多的伪认同,而真正的内化其实并未形成的现象。所以在这一阶段领导者要做到以下几点。

一是要调动成员的参与行为,促使成员充分谈论自己或他人的心理问题和成长经验,在获得他人的理解、支持的同时也获得指导。在此过程中,要识别成员的伪认同,并及时提问,具体化讨论的议题,确保成员经历了真正思考与分析的过程。

二是要通过团体人际互动,帮助成员发现自身的优缺点及不足,并把团体当成一个安全的实验场,练习、改善自己的心理行为,以期能扩展到现实生活中。这一阶段采取的团体活动形式和技能因辅导目的、类型、对象的不同而不同。有的团体采用讲座、讨论、写作会、写日记等形式;有的团体采用自由讨论的方式;有的团体主要采用行为训练、角色扮演等方法。

4) 团体结束阶段

(1) 阶段任务。

在团体结束阶段,成员会出现失落的情绪,甚至流露出对未来冲突的担心,或出现行为的退缩,团体情境呈现松散现象。所以,此阶段的主要任务是巩固辅导成果,强化成员已经做出的改变,帮助他们将体验到的方式、方法迁移到其他社会实践活动中去,以积极的状态预备适应外界环境。

(2) 实施要点。

虽然团体辅导的团体是临时的,但由于团体成员都是在校大学生,团体结束后成员之间仍然有机会交流与沟通,针对这些特点,领导者要在结束阶段鼓励成员保持联系,相互交流参加团体后的心得,以巩固团体心理辅导效果。因此在此阶段要再次加强团体成员的联系点。

一是协助团体成员回顾整个辅导过程，巩固成员获得的经验。成员在领导者的带领下反省自己的心路历程，表达个人感受并对自己的成长和变化进行评价。

二是通过一些祝福与道别的活动，如互相赠送自制小礼物或说一些鼓励与祝福的话语，加深成员情感交流。

三是引导成员利用大家已建立的团体关系，商议今后的打算、应该制订什么计划、对未来有什么展望等。

四是领导者通过总结性演讲总结整个辅导过程和目标达成情况，尤其要鼓励团体成员把体验到的经验应用到现实生活中，并鼓励相互见证。

5. 进行效果评估

团体心理辅导效果评估是指通过不同方法，搜集能反映团体心理辅导效果的各种资料，帮助团体领导者及成员了解团体心理辅导的成效，以发现问题、积累经验、提升工作水平的一种过程。总体而言，为了更有效地开展高校团体心理辅导工作，组织者要遵循操作性强、实用性突出的原则，了解效果评估的工作内容与方法。

1）效果评估的内容

（1）团体领导者的评估。

团体心理辅导活动结束后，领导者可以将目标与成效进行比较，自省以下问题：辅导过程与计划是否相符，偏离计划的原因是什么，辅导方法是否恰当，是否满足成员的需求，满足程度如何？从这次团体辅导过程中学到了哪些新的经验等，以提升专业水平。

（2）团体成员的自我评估。

成员的自我评估主要包括自我参与的程度，即心理状态、参与程度、尊重成员、尝试协作等；对团体成效的评价，包括个人受益情况、团体优缺点及相应的建议等；自我追踪评价，包括团体对生活的影响，存在哪些改变等。

（3）团体方案、过程和结果评估。

方案评估是指评估方案经实施后是否完善，是否满足成员的参与需求，方案目标是否明确等。团体过程评估包括团体的关系、气氛、执行、事件处理、结束是否妥当等。结果评估是指通过综合成员对团体的感受、看法、满意程度及行为变化状况，客观评定团体咨询的成果，以改进今后工作。

2）效果评估的方法

（1）行为量化法。

由领导者设计一份观察表，要求团体成员自己观察相关行为出现次数并做出记录,或请其他团体成员做观察记录。该评估法用于评估团体成员的外显行为、情绪、思维是否有改善。利用行为量化法对成员的非适应性行为进行量化,既有利于领导者开展心理健康教育研究,又有利于成员评估个人行为,巩固教育效果。

(2) 心理测验法。

由领导者选取信度、效度较高的标准化心理量表,对团体成员的前测后测结果进行比较,判断辅导是否有成效。相对行为量化法,心理测验法提供了更权威的量化数据。

(3) 问卷调查法。

由领导者自编一套《团体成员自我评估问卷》,问卷或为开放式或为封闭式,主要内容包括成员对团体心理辅导过程、主题、目标、气氛、领导者工作方式的满意程度等方面,以便从成员的主观感受方面了解辅导效果。该评估方法有利于领导者总结工作,提升团体心理辅导技能,同时也是考评领导者工作的有效方式之一。

(4) 主观报告法。

通过团体成员的日记、自我报告、领导者的工作日志、观察记录等方法评估团体的发展和效果。主观报告法既是成员参加团体的总结,也是领导者的总结,既能巩固教育效果,也能寻找不足,不断完善相关工作。

(五) 积极心理团体辅导在心理健康教育中的应用

1. 积极心理团体辅导内涵再思考

团体心理辅导(group counseling)是发生在团体情境下的一种心理咨询方式,是由经受专业培训的团体领导者,运用心理学技巧和方法,针对成员共同或类似问题,通过团体内部的交流辅助个体正确看待自己与他人问题,最终获得顺利解决问题、树立正确信念的能力。自20世纪90年代团体心理辅导传播到中国以后,团体心理辅导作为一种有效的心理干预手段,拥有强大的理论支持系统和丰富的实践操作活动,凭借其活泼性、易迁移性、短时见效性、可操作性、普遍性等特点,逐渐取代个体咨询在学校心理健康教育中的地位,受到了众多心理健康教育工作者的青睐,将其应用于解决人际交往、考试焦虑、自信心缺乏、适应不良、压力应对等问题,并取得了有效成果。因此,团体心理辅导与学校心理健康教育具有更高的契合度,并在心理健康教育课程中发挥着显著的实效作用。

1997年,时任美国心理学会(American Psychological Association)主席的塞里格曼首次提出“积极心理学”(positive psychology)的概念,并将其界定为一门运用比较成熟的心理学研究方法与测验手段，研究人类积极力量、发展潜能和美德等积极品质的学科。积极心理学的核心目标是理解和帮助人类获得幸福与主观幸福感。积极情绪体验、积极人格特质与积极的社会组织系统是积极心理学理论与实证研究的三大板块，这三者彼此紧密联系，缺一不可。随着积极心理学的思潮在我国的掀起，越来越多的研究者将积极心理学基本理念应用到团体辅导活动中。鉴于积极心理学更侧重于积极心理品质、积极情绪等方面的研究，这种关注冲击了传统学校教育认定的治疗观和矫正观，因此，积极心理学导向下的团体辅导在学校心理健康教育中的应用也逐渐被关注。

目前国内外有不少学者已经致力于相关研究，并分别从“内容趋向”和“机制趋向”为出发点，提出积极心理团体辅导可能的含义。

“内容趋向”的观点侧重于积极心理团体辅导的内容与主题，认为积极心理团体辅导就是建构或发现、强化、维持成员的积极心理资源。这种团体辅导不是直接针对成员的心理问题或心理疾病开展辅导活动，而是通过强化成员本身的积极品质，最终摆脱负性情绪，改善心理问题。例如，国外学者 Pascal Antoine 等人设计并开展为期六周的积极心理团体辅导活动，使学生的正念和专注力得以增强，结果还发现个体特质焦虑、抑郁症状和心理压力明显减轻。国内学者王奕冉在对实验组和控制组数据进行分析以后发现，积极心理团体辅导能够显著提高贫困大学生的心理韧性，同时使其就业能力得到快速提升。但这种定义夸大了团体辅导的内容，忽视了对辅导结果的要求。例如，感恩作为一种积极心理品质可以通过团体辅导养成，但是一味要求养成感恩可能会使成员忍受过度。

“机制趋向”的观点关注积极心理团体辅导的机制与结果，它强调积极心理团体辅导就是改变积极变量或帮助个体获得积极结果的心理咨询活动。Davis 在其研究中表明感恩和品位的培养能够使成员体验到积极情绪，最终提升幸福感。廖冉等人面向大一新生开展以积极心理学为导向的团体辅导，通过发挥教育功能、发展功能、预防功能和治疗功能，发现积极心理团体辅导，有效提高大学生的自尊和心理健康水平。虽然“机制趋向”对积极心理团体辅导的界定已经比较明晰，但这种定义的缺陷在于我们无法确认积极品质是否是因为使用了可操作的团体辅导技术才获得的。

经过以上信息梳理可以看出，目前国内外学者对积极心理团体辅导的概念界说并没有一个统一的标准，对其意义的理解有失偏颇。积极心理团体辅导的对象不仅可以是心理疾病的患者，也可以是心理健康的群体；辅导的目的不仅是帮助个体治疗与消除心理问题,也包括鼓励个体自我提升,帮助其达到丰盈的状态。

综上所述,笔者认为应从“内容”和“机制”两个角度共同定义积极心理团体辅导,即积极心理团体辅导(positive psychological group counseling)是以强化团体成员的积极品质为目标,以改变积极资源为手段,选择并设计与积极心理学理念契合的团体辅导活动,帮助成员改善消极情绪和解决心理问题,最终实现心理健康水平提升的一种团体辅导的新形式。

2. 积极心理团体辅导开展形式

积极心理团体辅导要想顺利开展,必然离不开严密的科学组织工作,也要遵从配对性好、利于操作和安全性强的使用原则。在积极心理团体辅导中,比较常见的活动方式有户外拓展活动、心理品质训练、积极分享和心理剧等。本节将着重介绍这几种活动方式,探讨积极心理团体辅导如何在心理健康教育课程中运用和实践。

1) 户外拓展活动

户外拓展活动要求领导者根据活动目标事先策划好相关的活动步骤与内容,在真实的情境中带领成员操作活动,在互动过程中教会成员重新塑造认知信念,积极思考。积极心理学视角下的户外拓展活动,在活动内容设计方面,更加注重让成员认识“我有”,发现“我是”,体验“我能”等的积极状态。在课程内容和实施过程方面,户外拓展活动作为积极团体辅导活动方式的一种,包含人际关系、人格训练等。在结果评价方面,户外拓展活动更侧重于成员在此过程中是否发挥其坚强的意志、获得自我提升的信念、体验到较强烈的幸福感。例如,大一新生军训期间以“人际关系”为主题设计为期一周的积极心理户外拓展活动,鼓励新生面对困难,增强班级集体凝聚力,团结合作,互相帮助。

2) 心理品质训练

心理品质训练是指利用短期或者长期的团体训练方式建立、培养与维持个体积极心理品质。积极心理学视角下的心理品质训练主题与内容选自塞里格曼等人提出的 6 大美德和 24 种积极心理品格优势。训练形式可选择如美丽日记(beautiful journal)、美丽瞬间(beautiful moment)、再归因训练(reattribution training)等积极团体辅导方式。国外学者 Martínez-Martí 等人以培养“审美”的积极心理品质展开了为期 3 周的积极心理团体辅导,要求成员每天撰写“美丽日记”以培养审美能力,最终实现了预期设想。国内学者以心理韧性为主题设计 8 次辅导方案,通过“再归因训练”引导学生形成积极的归因模式,有效提高贫困大学生心理韧性。

3）积极分享

积极分享是个体围绕具体的积极心理品格阐述自己的优势，与其他成员共同分享切身的积极感受，如我的特长是什么，我知道做哪些事情使我更加快乐等。积极分享作为积极团体辅导的一种活动方式，以人际沟通理论作为活动基础，要求领导者围绕积极心理品质展开分享，最终拓宽成员的人际交往能力，通过交流使个体正确认识自己的优点，学习他人处理问题的方式，及时修正不足之处。在实际应用中，如 Martínez-Martí 等人在审美训练结束以后建立“分享平台”，要求个体与其他成员就参与活动的心得进行互动，发现积极分享也能够培养个体的积极心理品质。

4）心理剧

心理剧也称为角色扮演，1921 年精神病理学家 Moreno 在其研究中首创。校园心理剧是指通过角色表演，以戏剧的形式展现各种心理问题和积极品格，探索个体的自我优势、人际关系、情感体验等问题，使演员和观众从中受到深深的震撼与启发。从积极心理学的角度来看，心理剧更加关注成员在此过程中的即时体验和感悟，唤醒个体的自主能动性与创新能力，激发自我实现的潜能。在积极心理学导向下的团体心理辅导中，以“感恩”“心理弹性”“尊重”等积极心理品格优势作为心理剧主题和内容的研究逐渐发展成熟。例如，蒋婧妍在设计为期 8 周的心理剧后研究发现其对初中生自尊水平的干预起着显著效果。

5）其他方式

积极心理团体辅导的开展形式还包括团体沙盘游戏和主题班会等。团体沙盘游戏是在荣格分析心理学的基础上渗入东方传统文化，是指在团体情境中，众多来访者通过在对相同或相似三维立体模型的建构与创作中表现出自己的无意识思想与行为，在领导者的指导下实现心理问题的治疗和积极品质的提升。作为积极心理团体辅导的一种重要活动方式，沙盘游戏的主题和内容应与积极心理品质紧密关联。沙盘游戏的作用在于它能够充分展示团体成员的想象力和创造力，提高其对活动的兴趣，使积极心理团体辅导的结果更加有效。王恩娜和彭贤将沙盘游戏和萨提亚模式结合，发现这种形式下的团体心理辅导能够有效提高大学生生命意义感和积极心理资源，并改善其人际关系。主题班会是指以班级为单位，围绕 6 种美德和 24 种积极心理品格优势，如感恩、韧性等，通过头脑风暴等方式唤醒学生对积极资源的认识，提高心理健康水平。

3. 积极心理团体辅导在心理健康教育课程中的应用与实践

积极心理团体辅导在本质上与传统团体心理辅导有很大的不同，为了帮助研究者与教师在未来的研究和操作中能够准确把握积极心理团体辅导在心理健康教育课程中的应用方向,建议在实际操作中注意以下事项。

1) 在主题选择上,教师应注意积极心理品质内容化

塞里格曼及其合伙人 Peterson 在对积极心理学的多年研究之后建立了 VIA (valuesin action classification of strength)体系,此体系以人类本性的 6 种美德(智慧与知识、勇气、仁慈、正义、自制、超超自我)为根基,这 6 种美德分别对应 24 种积极心理品格优势,即创意、好奇、开明、爱学习、智慧;勇敢、坚毅、诚实、活力;爱、善良、人际交往能力;公民性、公平、领导能力;宽恕与怜悯、谦虚、谨慎、自我控制;审美和优秀、感恩、希望、幽默、灵性。积极的心理品质有助于个人在面对挫折、压力等难题时采用有效的应对措施,保持积极的心态,更好地适应社会生活。根据积极心理学的理念和团体心理辅导的理论基础,在开展活动之前,教师应注意根据学校学生整体的实际发展情况和 VIA 体系共同筛选活动主题。

2) 在目标设定上,教师应注意引导个体发展化

埃里克森将个体的人生发展划分为八个阶段,每个发展阶段的个体年龄特征和心理特点都互不相同。因此,在积极心理团体辅导中,教师需要根据各个年龄阶段所对应的特点发现并确定学生在生理与心理上的需求,必须遵循积极心理干预和团体心理辅导的理念,以发展为指标,识别并培养天赋型学生,摒弃传统的消极心理思想,把发掘个人优势、矫正自我认知、获得积极心理品质和丰富学生生活等作为教学目标。研究显示,在心理健康教育课堂上,积极心理团体辅导能够有效提升积极心理资源,从而减少学生消极情绪体验,最终导致亲社会行为增加而攻击行为减少。

3) 在方案设计上,教师应注意活动参与度和操作化

在心理健康教育课程中,教师需要熟练使用积极心理学的设计理念,注重选择与提升积极心理资本有关的团体辅导活动,以最少的经济成本达到最好的教学效果;俞国良教授曾提出高校应充分利用网络优势,努力探索新媒体在学校心理健康教育课程中的应用方式。注重设计使学生"主动参与"的课堂活动,将线上与线下心理健康教育相结合,课上教授相关知识,课下以人生目标、幸福感、美丽日记等方式指导学生挖掘、培养、维持积极力量与人格优势。例如,Marijke Schotanus-Dijkstra 等人在设计心理健康教育活动时基于电子邮件形式筛选符合实验条件者,然后通过阅读书本和咨询师的线上指导进行积极心理干预。

4）在活动组织上，教师应注意将单独操作与整合应用结合化

在积极心理团体辅导单独作用到心理健康教育课程时，受马斯洛人本主义思想的熏染，教师应注意调动学生在课堂上互动交流的积极性，完全接纳和包容整个团体，鼓励个体关注认真参与活动时所带来的高峰体验，用心感受活动的乐趣，将心理健康知识内化于心，并为学生留出空余时间，要求其主动讲述自己的感受，使其真正融入团体辅导活动。研究显示，个体对主动参加的活动，会表现出更多的兴趣、坚持、独创力和自我约束等优势。此外，积极心理团体辅导不仅可以单独运用于心理健康教育课程当中，也可以结合其他呈现方式（如电子媒介等），基于这种认识，Walsh 等人利用网络平台进行积极心理干预活动。

5）在效果评价上，教师应注意评价主体多元化

积极心理团体辅导活动的效果评价应以个人评价和他人评价为主，即个体主动分享活动心得，共享所体验到的积极情感和获得的积极品质，其他成员轮流对个体在活动中的表现和自我评价进行剖析、指正并鼓励。当然，在评价过程中不仅侧重于对当前活动所产生的感受，更应引导学生将其拓展到学习与生活当中。等待所有成员评估结束以后，教师需要综合个体活动表现、自我评价和他人评价给予学生最终的效果评估，并鼓励其在未来的学习与生活中继续保持在活动中获得的积极资源。

总之，积极心理团体辅导的出现，为心理健康教育的成熟发展提供了契机。但是，目前的研究只提供了积极心理团体辅导对解决心理问题、培养积极品质可能起到的作用，而关于积极心理团体辅导设计的文章和书籍少之又少，仅依据传统团体心理辅导的活动方式去开展积极心理团体辅导，不利于研究的进步。研究者在其探索过程中很容易过度理解积极心理团体辅导的意义，以后的研究应注意从“内容趋向”和“机制趋向”两方面着手，才能使积极心理团体辅导的发展更加乐观。

二、心理健康课外教育活动的设计与实施

（一）课外教育活动设计原则

课外教育活动要以大学生心理特点和年龄特征为总的指导原则，这是心理健康课外教育活动生存和发展的出发点与落脚点，也是每个活动组织者必须遵循和重视的原则。此外，还需遵循以下原则。

1. 层次性与逻辑性

心理健康课外教育活动的设计可以参照团体心理辅导活动设计的原理,各环节要有层次性,由浅入深,层层递进,富有逻辑性,符合大学生认知的特点与规律,才能使他们对整个主题活动有宏观的把握。同理,心理健康课外教育活动的设计也要遵循层次性与逻辑性原则,活动与活动之间要有梯度,不管是形式还是内容,都是如此,这样学生才能更好地理解主题。如果所有课外教育活动的类型都相似,学生就会失去兴趣,达不到心理健康教育所期望达到的效果。

2. 启发性与启智性

要想学生在心理健康课外教育活动中碰撞出智慧的火花,产生头脑风暴,主题活动的设计一定要具有启发性,能够启发大学生积极地进行深入思考,并能够想得深远。这种启发不只限于对活动主题的思考,还可以扩大到对生活中类似问题的思考,并让学生有所感悟。好的课外教育活动还能让学生的智慧有所生长,可以顿悟到什么,或者找到一些解决心理困扰的灵感。因此,遵循启发性与启智性原则是一种高境界,也是心理健康课外教育活动保持长效的一个重要因素。

3. 活动性与互动性

心理健康课外教育活动应以活动为中心,让学生在各种模拟情境中去讨论、体验和训练,使他们可以通过直接的实践活动来提高心理素质和心理健康水平,促进个性发展。活动性是心理健康教育课外教育活动的突出特征。在活动中,要发挥积极的、双向互动的团体动力效应,要通过讨论、分享等方式促进师生互动、生生互动、学生与环境互动,让学生在互动中获得心理体验和认知,进而影响其行为。

(二)课外教育活动的设计步骤

1. 确定活动主题

活动主题是整个活动的灵魂。主题选择途径有很多,可根据心理健康教育的主要内容进行选择;开展调查,根据学生的心理需求获得;根据不同学生心理发展阶段所需的知识确定。需要注意的是,主题的选择要结合学生心理发展实际,具有可操作性。如某校开展的"愿意学、学会学、有效学——大学生学习心理辅导"心理健康主题教育活动,活动主题的确定首先是因为学校将该年度设为"学风建设"年度,为配合这一工作,心理健康教育中心将本年度的心理健康主题教育活动的主题定为"大学生学习心理"。另外,通过问卷调查的方法,了解、掌握学生学习心理现状，教育活动的落脚点放在学习动机、学习方法和学习效果上。

2. 阐释活动理念

实现心理健康课外教育活动的目标并不是活动，而是活动背后的教育理念。脱离了教育理念的活动是很难发挥真正效果的。如何缩短学生心理现状与心理发展目标之间的差距？人本主义者认为要创造良好的人际环境来激发学生的心理潜能，促进学生的自我实现；行为主义者认为应该进行行为塑造，通过行为的改变来促成心理的改变；精神分析学派认为应透过深入的心理分析来解除学生心理压抑的情结，让学生的心灵获得成长。当持有不同的心理发展理念时，所采取的教育活动方式就会不同，有的侧重环境氛围的营造，有的侧重行为技巧的训练，有的侧重自我表露和情感分享。所以在这一阶段，重要的是形成一种理念，在教育现实和教育目标之间建立有效的联系，从而在这种教育理念下去设计和组织活动，使活动最终为理念服务。

3. 确立活动目标

确立活动目标就是确立活动所欲达成的最后结果，只有目标清晰明确了，才能制订计划并付诸实施。清晰化、具体化、可操作是活动目标设计的基本要素。如：以“学习心理”为主题的课外教育活动的总目标是——帮助学生发现自己的学习潜能，提高学习能力。在设计时，我们还要对这一总目标进行具体化：引导学生认识自己的学习潜能，引导学生培养浓厚的学习兴趣，引导学生建立正确的学习观念与态度，引导学生发展学习能力，引导学生养成良好的学习习惯与有效的学习方法，引导学生培养适应与改善学习环境的能力。

4. 确定活动内容

活动目标需通过一系列的活动内容来体现，内容是目标的载体。活动内容就是指活动项目的集合，它们表现为一个个活动单元，关系到活动目标的实现程度。如根据“学习心理”主题教育活动的总目标，可将活动内容定为：培养良好学习习惯和方法，掌握记忆技巧，培养创新能力，克服考试焦虑。活动的基本任务是：提高学生的学习技能；掌握有效学习策略，发展创造力；培养学习兴趣和良好的学习态度，激发学习动机；正确对待学业成功与失败，树立自信心；养成良好学习习惯，帮助学生解决与学习有关的各种困惑。

5. 设计活动项目

明确活动目标、活动内容后，接下来就是设计活动项目。活动项目设计是针对某一具体的活动内容制订的实施计划,具体内容为:活动项目要与总的活动内容相对应,分析每个项目涉及的理论,制定每个项目的活动目标,设计每个项目活动内容,选择活动方式。

6. 评价活动效果

活动设计之初,就要考虑到可能产生的教育效果。在设计者的头脑里,要有关于结果的明晰的效果图景。设计者还要善于把这种图景与所有参与活动的学生分享,使其成为大家共同为之努力的意愿。同时,设计者要为评价活动效果准备一套测评方式,使其具有可操作性。活动效果测评为这次活动提供了反馈,从而准确评价活动的效果、改进以后的工作。但最重要的是,当活动的效果评价作为活动设计的一部分被充分考虑时,它就成了活动目标的一部分,为集体和个人提供了压力,让成员对活动有更多的投入。当然,这种评价不是对成员表现的评价,而是对群体收获和活动效果本身的评价,是一种形成性评价,所以不会像传统考试那样对学生个体造成压力。

(三)课外教育活动的实施要领

1. 重感受

心理健康课外教育活动是心灵的碰撞,是人际的交流,是情感的体验,是帮助一个人自助的过程。活动的过程是大学生的认知结构、情感体验、行为方式在活动组织者的干预下进行调整、重组、统合的过程。这个过程是一个主动的过程,而不是单纯依靠外力实现的"塑造""教育"的过程。开展心理健康课外教育活动的根本取向,是要促使学生在团体的助力下,审视自己的内心,反思自我的成长,思考学习,思考人生,思考自我与外界的关系,以推动自我的完美发展。

2. 重指导

心理健康课外教育活动是一项专业性很强的工作,没有心理教师的精心指导就很难达到设定的目标。教师的指导作用具体体现在:设计活动的目标,拟定活动的主题,选择恰当的活动形式和方法,设计活动方案,控制活动的进程,评价活动的结果;在活动过程中要积极营造团体活动的氛围、控制活动时间、把握主题方向,要以欣赏的态度去听学生的讨论,看学生的表演,并给予鼓励和引导;同时注意观察学生的行为表现,发现问题,实施个别辅导。心理健康课外教育活动应该是"非指导性的",活动的组织者不能对学生进行强制的说理和武断的解释,必须采用的暗示、忠告、说服等手段也只能最低限度地使用，即力求“随风潜入夜，润物细无声”。

3. 重目标

在实施心理健康课外教育活动中最重要的是把握好教育理念和教育目标，如果只考虑形式和手段的新鲜感，就很可能会导致舍本求末。团体心理游戏可以为课外教育活动增添不少生机和便利，但这些游戏的使用一定要服从于教育目标的需要，不要只是为了变换一下形式而已。如果不考虑场地、环境、主题的针对性等客观因素，不加分析地把一些游戏引入课外教育活动，则是不妥的。课外教育活动不能片面追求“轻松”“愉快”和“活泼”，更应注重引导大学生去直面生活，有鲜明的针对性，要有深度、内涵和哲理。

4. 重真话

信任使人感到安全，信任才能敞开心扉。说真话难免会有错话，但对学生在成长过程中出现的错话持一种宽容而理解的态度，可强化学生自我向善的意向与努力。罗杰斯曾经提出，指导者必须具备三种基本态度，那就是共情、真诚、无条件关注。心理健康课外教育活动的组织者的基本任务是营造良好的气氛，一种对活动参与者接纳与信任的气氛。这样可以使每个成员不必过度防卫和隐藏自己，能自由自在地表达自己，才能使活动产生效果，并促使活动参与者改变和成长。所以，在心理健康课外教育活动过程中，组织者要努力培植一种讲真话、讲实话、不讲套话的风气。

5. 重氛围

心理健康课外教育活动是建立在活动参与者之间相互信任、关心、了解、接纳的氛围中的一种互动的人际交往过程，每个成员的心扉就是在这种人际氛围中打开的。活动的有效性主要依赖于通过组织者的行为所建立起来的团体社会氛围，这一氛围可以引发学生积极的回应，并使学生认知和行为发生变化。所以，营造坦诚、信任的团体氛围，消除学生对自由沟通和交流的防卫心理，是组织者最重要的责任、最主要的任务、最高超的技能，也是心理健康课外教育活动最基本的环节。

6. 重应变

心理健康课外教育活动面对的是充满动感的大学生个体和交互影响的群体，活动现场的社会心态是千变万化的，组织者必须灵活把握活动的发展势头，不可刻板依照原定设计行事。因为活动的实施过程是充满动感的，它的发展和推进往往是随机的、高度动态的。在师生双边多向和多种形式的交互作用下，学生的潜在能力会随时随地被激发出来，各种奇思妙想、各种生动的生活经历，会在瞬间奔涌而出，学生往往会妙语连珠、才思横溢，整个活动现场会变得生机勃勃、充满智慧的挑战、充满童稚与青春的生命活力，每个学生都会真切地感受到自己生命的意义和价值。这样的活动过程是任何周密的设计都难以事先预料的。因此，必须随机应变，随机引导，不要死守原定的活动设计方案。特别是当有的学生涉及多数同学关心的共性问题时，组织者一定要及时抓住，充分展开。

7. 重自我升华

领悟是学生克服心理不适应、促进自身发展的关键，它往往伴有深刻的认识飞跃。即使学生的自我升华还比较幼稚，组织者也不可越俎代庖。心理健康课外教育活动的结束部分，应该是学生借助自己的内省、同学的回馈和心理教师的建议等，对自己的认知体系进行整理和重建的重要环节，这个环节也应该让学生通过主动参与来完成。

第二节　大学生心理健康教育课程开展与实践

一、高校心理健康必修课设置

高校心理健康教育课程是以培养大学生良好的心理素质，促进大学生身心全面发展为目的，以心理知识传授、心理品质培养和心理辅导为内容，根据大学生生理、心理发展的特征与规律，由具有一定心理学素养的教育工作者设计和组织的专门课程。普及心理健康教育课程，对全体学生较为系统地了解和掌握心理健康的理论和方法，充分满足学生对心理健康知识与方法的迫切需求具有十分重要的教育意义。在此背景下，许多高校陆续开设了面向全体学生的心理健康教育课程，教育主管部门和心理健康教育实践者在对课程性质和目标的理解方面也逐渐达成了一致。

（一）心理健康必修课的课程性质

“大学生心理健康”课程属于一种集知识传授、心理体验与行为训练为一体的课程。一般而言,心理学类课程可以分为心理学专业教育的心理课程和高校的心理健康教育课程。二者因对象、目的不同,内容的侧重点也不同。高校心理健康教育课程是针对高校大学生心理问题发生率增长、心理教育需求持续提升的现状而萌生的教育需求。与专业教育的心理课程相比,心理健康必修课的课程性质侧重点在于学生的心理素质的发展,即通过有效的心理健康教育,识别与预防各种心理障碍,解决大学生在日常学习生活中遇到的适应性和发展性的各类问题,促进学生身心健康、人格完善,激发内在潜能,是一门具有广泛实用性和指导性的课程。

(二)心理健康必修课的课程目标

作为一门素质教育公共课程,“大学生心理健康”旨在使学生明确心理健康的标准及意义,增强自我心理保健意识和心理危机预防意识,掌握并应用心理健康知识,培养自我认知能力、人际沟通能力、自我调节能力,切实提高心理素质,促进学生全面发展。具体而言,该课程要使学生在知识、技能和自我认知三个层面达到以下目标。

1. 知识层面

使学生了解心理学的有关理论和基本概念,明确心理健康的标准及意义,了解大学阶段人的心理发展特征及异常表现,掌握自我调适的基本知识。

2. 技能层面

使学生掌握自我探索技能、心理调适技能及心理发展技能,如学习发展技能、环境适应技能、压力管理技能、沟通技能、问题解决技能、自我管理技能、人际交往技能和生涯规划技能等。

3. 自我认知层面

使学生树立心理健康发展的自主意识,了解自身的心理特点和性格特征,能够对自己的身体条件、心理状况、行为能力等进行客观评价,正确认识自己、接纳自己,在遇到心理问题时能够进行自我调适或寻求帮助,积极探索适合自己并适应社会的生活状态。

(三)心理健康必修课的课程设置

1. 教学时间安排

根据教育部相关文件规定,课程开设时间和方式有如下要求:在第一学期开设一门“大学生心理健康教育”公共必修课程,覆盖全体学生,在其他学期开设相关的公共选修课程,形成系列课程体系。有条件的可以增开与大学生素质教育、心理学专业知识有关的选修课程。从大学生实际需求的角度出发,心理健康教育课程授课时间以大一为主,之后才开设该课程会错过其心理适应发展的第一时间,略显滞后。需要注意的是,在大一时期,学生对大学生活还缺乏必要的体验,需要通过在教学设计上做一定的安排并加以处理。当然,更为理想的课程安排可能是:将心理健康教育课程体系覆盖大一到大四整个大学生活,针对每个时期不同的发展任务,有针对性地安排专题课程。

2. 教学设计安排

心理健康教育课程是基于学生心理健康成长设计和运作的,要突破传统的单纯理论知识灌输的模式,以体验为主要形式,以直接经验为基础,让学生通过体验来获得感悟。因此在教学总体设计上,要遵循体验为先,理论并重的原则,高校可以根据教学设施、师资力量、学生特点等情况,将 32～36 学时用于理论和实践学时。在教学方法上,要增强教学感染力和实效性,采用项目教学法、团体辅导法、小组讨论法、行为训练法、游戏辅导法、互动体验式、案例分析、角色扮演等多种教学方法。在教学手段上,要充分利用网络、多媒体、案例等资源,调动学生的积极性与参与热情,提升教学效果。实践学时还可以设置为必修与选修两个部分,以满足不同类型大学生的心理教育需求。

3. 教学内容安排

无论哪一种模式,理论教学内容均应包括:大学生心理健康与咨询、大学生心理困惑及异常心理、自我意识、大学生人格发展与心理健康、学习心理、大学生人际交往、生涯规划、恋爱与性心理、情绪管理、压力与挫折应对、生命教育与心理危机应对。实践教学内容与理论教学内容相匹配,形式上提倡多样化,以巩固与提升理论教学效果。

4. 教学人员储备

目前高校在教学人员安排上有以下几种方式:以心理健康教育专兼职教师为主,以本校专兼职教师加外聘心理健康教育专职教师、心理健康教育专兼职教师与辅导员队伍相结合、辅导员队伍为主等方式。从长远发展角度考虑,高校要形成长效的培养机制,建立一支师德高尚、专业过硬、结构合理、充满活力的心理健康教育课程师资团队,加强心理健康教育课程师资团队培养工作,鼓励教师积极开展心理健康教学研究和团队教学，参与心理咨询与心理训练，增强教学实践能力，并聘请相关方面的专家加入教学队伍，创造性地开展各种教学教研活动，促进教学水平和教学效果不断提高，并鼓励有条件的辅导员参与相应课程教学。

二、高校心理健康必修课教学

众所周知，心理健康教育在我国越来越受关注，各高校开展心理健康教育的热情也空前高涨。就心理健康教育而言，方法和途径是多种多样的，但心理健康教育的主渠道始终是课程教学。对心理健康必修课教学模式与方法的探索是有效提升心理健康教育课程教学效果的必经之路。

（一）心理健康必修课教学模式

教学模式是在一定教学理论的指导下，通过对教育教学实践经验的概括和总结所形成的一种指向特定教学目标的比较稳定的基本教学范式。它是某种教学理论在课堂教学特定环境中的表现形式，可以实现特定条件下的教学结构和功能统一。教学模式是指导教学实践的重要依据。要提高大学生心理健康教育课程的实效，促进大学生心理健康成长和人格完善，必须探索有效的教学模式。以下为几种教学模式。

1. 讲授式教学模式

这是指教师通过课堂教学，主要以讲授的方式向学生传授心理学的知识和理论。这种模式是在传统课堂教学模式的基础上逐渐演变而来的，在心理健康教育课程最初开设时为大多数教师所运用。

例如，在讲解心理健康的标准时，讲授式教学模式是教师在课堂上导入问题，然后给学生讲解什么是健康、什么是心理健康、心理健康的重要意义及提升心理健康水平的方法等相关的理论知识。

讲授式教学模式对从事心理健康教育的教师来说比较容易掌握。但这样的课堂教学模式容易陷入教师主动、学生被动的困境。因此，教师在实际教学中要将讲授式教学模式与其他教学模式相结合，要防止过度知识化和学科化倾向。

2. 活动式教学模式

培养学生的心理品质需要“动之以情，晓之以理，导之以行”，只注重“理”的讲授、“情”的体验或只注重“行”的训练，都是片面的，而要将“知、情、行”有机地结合起来。

在活动式教学模式中,教师根据学生的生理、心理特点精心设计活动,学生通过参与丰富多彩的活动获得充分的心理体验,从而提高社会适应能力和心理健康水平。在这种模式中,教师并不给学生提供理论指导,主要让学生参与活动并让学生在活动中自己体会。

以压力应对内容为例,活动式教学模式是教师利用自己精心设计的压力情境和活动,让学生在活动中体验压力、应对压力和管理压力。

活动式教学模式可以充分调动学生的积极性和主动性,形成活跃的课堂氛围;可以给学生带来充分的心理体验,同时也遵循了心理健康教育课程的活动性原则。但这样的模式对教师来讲不容易把握和控制,需要教师有丰富的经验和较强的组织管理能力,活动过后教师需要花时间解释活动的目的、分析活动中的现象、给出相应的结论并指导学生如何在现实中运用。

3. 对话式教学模式

教师根据教学要求或学生实际情况选定某一讨论主题,并将学生分组,每个小组内成员均可充分发表自己的看法,畅所欲言,形成小组意见,然后小组与小组讨论,最后由教师做总结。根据我国大班教学的实际情况,可将6～10名学生分为一组。小组内有一定的分工,每位学生都要担任一种特定的角色,如主持人、检察员、记录员、总结人或激励者、协调者等。在活动过程中,教师只是一个组织者,对话时是完全与学生平等的关系。对话有学生与学生的对话、小组与学生的对话、小组与小组的对话,还有学生与教师的对话及小组与教师的对话。

以情绪管理为例,分组后小组内成员可以探讨自己在遇到烦心事时是怎么调节自己的情绪的,或大家帮助其中一个现在心情不好的学生,让他高兴起来。

这种模式给学生和教师营造了一个平等和谐、畅所欲言的课堂氛围。在这个氛围中,教师对学生提出的任何观点与方法,无论正确与否都不简单地批评和指正,而是通过小组的讨论和辩论,利用理性的思维来检查自己的行为模式,从而解决价值冲突。但课堂毕竟是课堂,单纯的讨论避免不了形式过分的单一,不宜过多地采取这种模式。

4. 诱导式教学模式

诱导式教学模式由教师创设具体情境,以引起学生的情绪体验或行为反应,在学生积极参与和教师根据心理学原理有目的的引导下,学生自觉进行自我教育,发展心理品质，开发心理潜能。它的实施可以分为四个阶段：创设情境、操作体验、问题感知、交流感悟。

1）创设情境阶段

创设情境在诱导式心理健康教育中有着至关重要的作用，情境的创设可以利用讲故事、录像、投影等教学手段来实现。

2）操作体验阶段

在操作体验阶段，教师一是要鼓励学生轻松活泼地进行表演，从而吸引更多的学生参与和投入其中；二是要引导学生将注意力集中在所扮演的角色而不是学生身上，注重角色所表现出的意义和感觉，而不是学生的演技。

3）问题感知阶段

在问题感知阶段，教师可通过一系列的问题引导学生积极思考，鼓励学生辨认自己的价值观念，揭示并解决自己的价值冲突，进而形成合理的观念和健康的行为。

4）交流感悟阶段

在交流感悟阶段，教师应引导学生之间互相交流体会和感受，在自我教育中不断内化，加强自律能力，训练和强化健康的行为方式。所采用的方法可以有角色扮演、心理游戏、心理训练、参观访问等。

以人际交往内容为例，教师可以首先讲述一个宿舍人际交往的小故事，然后让学生通过角色扮演的方法再现。学生表演完之后，针对表演的情景进行讨论，从而找出优化人际关系的一些方法。

在诱导式教学模式中，教师最重要的是通过一系列的方法让学生进行"感受"和"体验"。在整个过程中，教师不做过多的讲述和讲解，只是在必要时加以引导。这种让学生自感、自悟、自得的方式要比教师直接给出答案有意义，学生的体会更深刻，也容易使整个教学过程达到知、情、行的有机结合。诱导式教学模式是一种较理想的模式，它特别强调学生的心理体验，让学生潜移默化地接受行为训练。在这种教学模式中，学生是活动真正的主体，教师仅对学生循循善诱地进行引导而非刻板地说教。

（二）心理健康必修课教学方法

"大学生心理健康"是一门素质教育课程。这门课程应本着"理智启迪与情感培养相结合，知识讲授与案例分析相结合，课堂练习与情景体验相结合，教师引导与学生参与相结合”的教学思路,打破单一的知识讲授的教学方式,采取灵活多样的教学方法。具体说就是除课堂讲授外,还应将课堂练习、案例分析、寓情于景等教学方法融入课堂教学中,使大学生心理健康教育课程的教学方法具有自己的鲜明特色。适合“大学生心理健康”课程教学的方法有以下几种方法。

1. 课堂讲授法

心理健康教育课程的课堂讲授应与传统的课堂讲授有区别,心理健康教育课程讲授更应注重课堂中的师生互动、启发领悟与心理体验。借助于多媒体,通过提问等方式,让学生进入教师的语境和情感中,才能使学生更好地理解讲授的内容,掌握心理健康的知识,懂得主动调节心理状态、维护心理健康。“大学生心理健康”不同主题中的心理健康基础知识教学,均会用到课堂讲授法。

教师讲课中应有热情、有感染力、精神饱满。能吸引学生注意力固然重要,但更重要的是目的明确、思路清楚,对问题的阐述简练准确,重点突出,能把学生带到深入探讨问题的境界,给予学生思考、联想、创新的启迪。

2. 案例分析法

教师通过列举贴近当代大学生的生活典型案例,针对他们普遍的心理困惑,层层解剖分析,或者以提问方式启发引导大学生进行具体分析,帮助大学生深化认识,获得感悟,找到解决实际问题的办法。

例如,在人际关系这一主题中,教师可以常见的大学生人际交往的案例为原型来举例并对其进行分析,让大学生从他人的经历中获得感悟。又如,以生命教育为例,教师可以列举正反两个对生命不同态度的个案,分别进行具体分析,帮助大学生深化对生命的理解,引导建立或强化正确的生命观。

3. 分组讨论法

分组讨论法常常是深受学生欢迎的一种方法。这是学生的研究性、探索性学习的主要体现。在教学过程中,教师提出问题组织学生围绕同一个主题进行讨论,使学生学会基于事实、概念和推理来维护自己的意见,同时学会从不同的角度考虑问题,在培养集思广益能力的同时提升心理健康水平。根据课程内容需要,教师也可将不能在课堂解决的问题,布置给学生课后讨论,下一次课前再进行课堂总结发言。这种方式可让学生的认知得到验证和交流,问题得到澄清,也可进一步加深对相关知识的理解。

例如,在学习心理这一专题教学中,教师可先组织学生分组讨论他们目前所面临的学习困难，确定本班学生的不同学习困难后，再分组讨论如何解决。学生自己应对学习困难的方法很可能比教师介绍的普遍应对方法更有效、更具针对性。又如，生涯规划专题学习完成后，可以布置每个组采访5位以上比较成功、在学生中有一定影响的本专业的学长，然后在组内开展讨论，并在此基础上制订自己的大学生涯规划方案。通过这种方式制订的方案比仅在课堂理论学习和认知基础上形成的大学生涯规划对学生本人更有指导性和实效性。

4. 心理测验法

为加深大学生对课程内容的理解，可以精心挑选出一些适合课堂完成的心理测试量表，对大学生进行心理测试，让大学生了解自我，主动调节自己的心理，维护心理健康。心理测验法是深受大学生喜欢的一种教学方法，也是大学生了解自我心理状况的一种简单有效的途径。教师要选择一些科学规范、信效度较好的量表，并对测量结果进行适当分析和解读。

以“大学生人格完善”为例，教师可让大学生在课堂完成16PF人格测验或者艾森克人格问卷；而在“压力应对”教学中，教师可选择“大学生生活事件量表”施测。为防止大学生简单地对号入座，给自己“贴标签”，教师应及时科学地解释结果。

5. 情境再现法

这是指教师向学生提供或创设各种情境，让学生在亲身实践中获得体验，如心理游戏、团体活动、视频欣赏等。这种寓教于乐的教学活动，活跃了课堂气氛，吸引了学生的注意力，提高了学生的学习兴趣。

如在“压力应对”中，可让学生参与体验心理辅导活动“成长三部曲”：通过“石头、剪刀、布”决定成长中的三种状态，即“鸡蛋”“小鸡”“大鸡”——最后变成“人”。游戏从“鸡蛋”开始，每个人都是“鸡蛋”，抱成团蹲在地上，与“鸡蛋”进行猜拳，如果赢了，就进化成“小鸡”；变成“小鸡”后再与“小鸡”猜拳，如果赢了，就进化成“大鸡”；成为“大鸡”后再与“大鸡”猜拳，如果再赢了，就成长为“人”。简单、有趣的心理活动既轻松、愉快，又能让学生体验和观察如何面对成长过程中的压力与挫折。

6. 角色扮演法

教师提供一定的主题情境并讲明表演要求，让学生扮演某种人物角色，演绎某种行为方式、方法与态度，以达到深化学生的认识，感受和评价“剧中人”的内心活动和情感体验的目的。根据组织形式的不同，角色扮演法可细分为短剧和小品表演、哑剧表演、空椅子表演、双重表演、改变自我的表演、咨询表演等形式。

以大学生恋爱心理为例,可选择“拒绝爱”为情境,让不同的大学生根据自己的经验和个性来进行表演,让大学生在观赏中获得感受和评价。实践表明,只要运用得当,这种方法对培养大学生良好的心理素质会有较为满意的效果。

三、完善大学生心理健康教育课程体系

(一)结合心理健康教育课程,加强多方面主题教育

1. 帮助大学生提高抗挫折承受能力,加强生命教育

选择自杀的大学生也许是因为心理承受能力差,但也反映了他们缺乏对生命最起码的尊重,这正折射出我们在生命教育方面的缺失。高校当中生命教育的缺失是大学生漠视生命的主要原因之一。高校应以“思想政治理论课”为依托,在大学生中广泛开展生命教育,通过专题讲座、图片展览、播放影视剧等形式,从生命的成长与父母养育的艰辛过程、社会责任等角度教育大学生,灌输“个体的存在首先要有肉体存在”的哲学道理。帮助大学生完善人格,引导树立“热爱生命、珍惜生命、欣赏生命”的积极人生态度。

2. 帮助大学生提高自我保护、自我照顾意识,加强安全法制教育

大学生安全教育涉及的方面比较广泛,比如,人身财产安全、交通安全、健康安全等。但是心理健康教育这一块侧重与个人身心有关的相关安全教育,帮助大家了解相关法律知识,形成被害预防意识,了解被害预防内容,让大家增强大学生刑事犯罪被害的意识,提高我国被害人援助水平,提高我国大学生的法律素养。

被害所造成的后果一旦出现便不可逆转地会产生生理、心理方面不同程度的损害和经济方面不同程度的损失,因此,被害预防是技能学习、专业学习的基础。如果丧失了“生存”,其他方面的教育都会大打折扣,甚至完全失去根基。无论什么专业的大学生,被害预防应是其生存的“必修课公共课、基础课”。

3. 帮助大学生提高解决问题的能力,加强大学生自我发展教育

大学生应该建立积极维护自身心理健康和随时克服心理危机的意识。心理健康是一种动态的变化状态,而导致心理危机的负性生活事件却往往是随机发生的。大学生处在从青年向成年发展的阶段,外部环境和事件引起心理变化与情绪波动是经常发生的。家庭富裕的学生有可能遇到学业成绩方面的问题,恋爱正常的大

学生也可能经受人际关系方面的困惑，因此，大学生不必对心理危机有任何恐惧感，而应将其看作是心理发展过程中随时有可能遇到的一种挑战。心理健康的第一条标准就是认识自我、接纳自我，能体验到自己的存在价值，乐观自信。爱自己，不仅仅是要有自知之明，接纳自己，有积极的人生观、对生活的敏锐洞察力和对幸福含义的透彻理解，也不仅仅是积极参加劳动、社会实践，建立良好的人际关系，还更体现在出现心理问题时的积极求助：求助于周围的支持力量，求助于专业人员。心理危机对每个人都在所难免，重要的是，一旦遇到问题，要积极寻求帮助，以找到及时合理度过心理危机的方式。

（二）分层次加强大学生心理健康教育，提高大学生心理健康素养

针对大学生不同年龄面临的适应性与发展性问题，将大学生的心理健康教育按年级有针对性地分为若干系统化的教育，同时根据不同年级心理危机来源的侧重点不同，分别各有侧重地进行不同方面的教育对策。

1. 入校新生侧重于心理健康教育和职业生涯规划辅导

面对新生开展“大学生心理健康教育”课程，大力推广心理健康教育科普知识，通过第一课堂帮助大学生学习和掌握心理健康维护的知识、态度，科学认识心理疾病的基本知识和表现特征，学会调适情绪困扰和心理压力，积极自助，将提高心理健康意识贯穿终生。同时从大学一年级新生开始做职业生涯辅导，帮助学生设计四年的计划，培养他们的竞争力，与人沟通的能力及团队精神，使大学生都具备解决问题的正确思路。在高校的职业指导体系中，应将生涯辅导贯穿于大学教育的全过程。就大学的职业生涯辅导来说，也是一个长期的、系统的工作，必须对各个年级的大学生的生涯发展进行系统的规划，从大学一年级学生开始抓起，只有这样，大学生到毕业才会有明确的就业目标、择业方向和专业素质。

2. 二、三年级学生侧重于全人教育和成长教育

所谓全人教育，是指知识、能力、素质三位一体的全面发展的人的教育，即在适宜的大学学习背景的保障和促进下，通过大学生个体和群体的能动与自觉，实现大学生知识丰富、能力较强、素质较高的一体化的全面提升，真正培养高质量的全面发展的人。因此，高校应通过课堂教学、第二课堂活动、社会实践、素质教育活动等途径大力推进全人教育，引导大学生形成正确的自我价值取向，以有效预防大学生心理危机的发生，而这和成长教育也是相辅相成的。人的内心都充满着成长的动力，成长的动力源于人的内心，但成长的动力需要外界环境或群体来驱动。然而，

个体的成长就群体而言,并非一帆风顺。人在成长当中会出现自我认识的问题,如自我形象偏低,不能接纳、爱与欣赏自己。而大学生处于青年初期,易表现出情绪不稳定、发展不成熟、易受外界干扰等倾向,从而引发如恋爱心理、人际关系等引发的心理问题。而帮助大学生树立正确的恋爱观,并通过开展科学健康的性教育和性心理咨询,帮助其解决恋爱所带来的困扰与障碍,及时疏导和排除心理困扰。通过开设相关选修课、讲座来加强培养学生交际能力,加强学生人际交往能力的培养,既能帮助他们应付人际交往的困难,又能培养社会适应能力,增强就业竞争力。同时引导高校学生在心理危机中多维地认识自我,将心理危机转化为成长过程中的催化剂,从而有可能在心理危机干预过程中实现自我成长。

3. 毕业班学生侧重于就业指导教育、挫折教育

针对当代大学生的就业现状和就业特点,改变过去简单的就业指导模式,从新生一入学就帮助他们科学规划自己的职业生涯,确定符合自己实际情况的、可行的职业目标,有计划、有步骤地安排自己的大学生活。而在大四时,教育引导学生树立正确的就业观,降低就业期望,找准职业定位,培养一种稳定、平和、积极、乐观的态度,有准备地去面对就业的激烈竞争。结合毕业生择业的方针、政策和具体实施办法的介绍,帮助大学生客观地估价自己,正确认识社会对人才的需求;要求他们继承和发扬艰苦奋斗的优良传统和作风,引导他们在毕业分配问题上把个人的前途和命运与祖国的前途和命运紧密联系在一起,把国家和人民的利益放在第一位,主动适应国家和社会的需要,愉快地走上新的学习和工作岗位。同时,学校还可以通过开设创业课程、举办创业设计大赛等方式,帮助学生掌握创业基本知识和技能,拓宽他们的就业途径,消除和减轻他们的就业压力。而结合毕业班学生的现实情况,加强挫折教育也是非常必要的。

挫折教育有利于磨炼意志,提高人遇到困难时克服情绪低落、意志消沉的能力。对成长经历一帆风顺的大学生来说,挫折教育可以有效抑制遭受困难后产生的消极情绪,培养自身的抗挫折能力,促进心理健康发展。抗挫折能力可以通过学习和锻炼而获得。首先,教育学生懂得遇到挫折是难以避免的,个人要求不可能百分之百满足,只有勇于正视现实,自己想办法去找原因、查根源,主动寻求解决的方法,变挫折为动力;其次,在日常学生教育工作中要引导学生学会有意识容忍和接受各种挫折,并通过举办一些有趣的校园耐力比赛,在丰富学生课余生活的同时,又磨炼其意志,增强个体抗挫力。

四、完善大学生心理健康教育师资队伍

（一）大学生心理健康教育课程师资团队建设存在的困境

大学生心理健康教育工作还不能完全适应形势发展，特别是不能适应全面推进素质教育的需要。这项工作在各地、各高校开展得很不平衡，因此教育部2001年印发的《关于加强普通高等学校大学生心理健康教育工作的意见》明确指出："通过专、兼、聘等多种方式，建设一支以少量精干专职教师为骨干，专兼结合、专业互补、相对稳定的高等学校大学生心理健康教育工作队伍。"对大学生心理健康教育课程师资团队建设的问题指出发展方向，但在现实的教学工作中，高校心理健康教育课程师资团队的组建和发展却存在不少困境。

1. 多样化构造组建了心理健康教育课程师资团队，但心理学专业背景薄弱

根据相关文献的调查和问卷结果，全国各高校心理健康教育师资团队结构主要有以下几种构成形式：第一种是由各高校心理咨询中心的专职心理健康教师带领的以辅导员为主要构成的师资团队；第二种是以思想政治课教师为主、心理健康教育专职教师为辅的师资团队；第三种是以心理学相关专业教师为主、心理健康教育专职教师和辅导员为辅的师资团队，这种师资构成的形式较为少见，主要出现在某些心理学相关专业的高校；第四种是在心理健康教育专职教师带领下，以外聘兼职教师和心理学专业在读研究生为主的师资团队。

在当前高校心理健康教育课程普及的情况下，第一种师资团队的构成形式，即在心理咨询中心专职心理教师带领下以辅导员为主要构成的师资团队，是各个高校心理健康教育课程师资团队最主要的构成形式。在选拔辅导员作为心理健康教育课程教师时，各高校都设置了一定的条件。以笔者所在高校为例，要求他们获得高校教师资格证，并同时具有心理学、教育学、医学、思想政治教育其中之一的专业背景或虽不具有相关专业背景但取得国家心理咨询师资格的辅导员才能申请参与大学生心理健康教育课程的授课。即使如此，心理健康教育课程师资团队的专业背景仍然堪忧，因为大部分辅导员的专业背景和心理学相距甚远。他们大多是通过短期培训考取国家心理咨询师资格证的形式获得授课资格的。因此，很多辅导员在课程内涵的理解、课程内容的设计及课程活动的安排等方面仍较为薄弱。在对授课情况的调查中发现，一些辅导员根据自己的理解或特长，将心理健康教育课

程上成了职业规划课程或是思想政治教育课程等,导致心理健康教育不但没有收到预期的效果,反而引发广大学生的反感。这与设立心理健康教育课程的初衷背道而驰。

2. 队伍流动性大及专业培训匮乏,给团队建设带来困境

教师团队专业性的提升,既需要教师教学经验的不断积累,也需要给教师提供专业、持续、系统的相关培训。但是,目前高校心理健康教育课程存在一个普遍的问题:教师团队流动性较大。由于大部分的授课教师都是辅导员,而辅导员队伍每年都会面临转岗和进新人的问题。一些老的辅导员经过几年的授课,又转到其他岗位,因此,心理健康教育课程师资团队基本每年都是新构成的。人员构成的快速变化使得持续、系统和深入的培训安排成为很大的难题,因此也导致团队在专业性上很难获得积累和提升。

3. 教师团队缺乏学科带头人,课程改革发展缺乏长远规划

大多数高校的心理健康教育课程归公共课部进行教学管理,学工处心理咨询中心进行协助,安排师资,进行实践活动等。由于心理咨询中心并不是教学单位,而且心理咨询中心的专职心理健康教师承担了学校心理健康教育的常规工作和心理咨询、心理危机干预等工作,精力有限。

大学生心理健康教育课程作为一门新兴的课程,尚处于探索阶段。如何设计课程,采用怎样的教学模式和评估模式才能收到最好的效果,都尚不可知。因此,需要专家的引导及同行之间的交流、切磋。但是,据笔者所知,面对心理健康教育专职队伍的培训本来就不多,而直接针对大学生心理健康教育课程的研讨和培训更是少之又少。这样便导致各个高校都是摸着石头过河,各搞各的,课程缺乏基本的标准模式,大家也不清楚自身的优势和局限在哪里,如何进行改进等。

(二)心理辅导能力建设的三个基本向度

加强高校大学生心理健康教育的关键在于教师队伍的心理辅导能力,至少要注重三个方面的基本向度。

1. 认知向度:重视心理辅导能力建设的价值基础

1)契合时代的发展需求

随着社会的发展,对人才的全面素质发展要求也不断提高。全面发展不仅包括思想素质、专业素质,还包括身体素质和心理素质,其中对心理品质的重视更为

显著。心理素质不仅是其中的重要组成部分,更对其他素质的发展产生重要的制约作用。正常健康的心理状态关系到一个学生对学习、人际和家庭等方面的认识与处理方式是否正确,关系到一个学生能否成人成才。从事学生心理辅导工作的教师必须深刻认识到自身工作的重要意义,帮助大学生摆脱沉重心理包袱,引导大学生学会学习、学会生活、学会生存,更要学会思考、学会发展、学会创造,主动适应社会变迁所带来的影响,拥有健康的心理品质。

2)体现高等教育的社会价值

当前的高等教育模式早已区别于以往的精英教育,慢慢向大众教育之路发展和转变。教育模式改变,同时也伴随着教育理念的改变,强调了要以培养学生的创新精神和实践能力为重点,注重学生的全面素质发展及个性的形成,使其具有良好的工作能力和社会适应能力。这种教育方向的转变,其目的在于培养出更多适应现代化发展的人才,不断提升全民综合素质。因此,高校心理健康教育人员应该服从和服务于这种育人理念,并以此作为工作职责和职业信仰。

3)配合思政工作的相辅相成

思想政治教育与心理辅导都是以学生为主体对象,都是帮助学生塑造健康人格,关心学生的健康发展和成人成才。其一,从本质角度来看,思想政治教育是一种通过载体将较为定性的道德标准、行为准则和价值取向让学生学习掌握并使之成为一种内在需求的教育过程;而心理辅导则是在充分尊重辅导对象的自我意识前提下,通过潜移默化的引导,帮助其自我完善、挖掘潜力的助人过程。其二,从内容角度来看,思想政治教育注重的是学生思想、道德、理想和信念方面的教育;而心理辅导注重的是学生对主客观世界认知与行为调节能力的培养。其三,从效果角度来看,心理辅导作为一种解决心理问题的一种方式,不但益于学生身心健康与发展,也有益于消除学生对思想政治工作的逆反,既化解心理问题,也有助于思想问题的解决。因此,思想教育与心理辅导是相辅相成的,心理辅导是对思想政治教育的延展,只有二者有机结合,才能更好地服务于高校培养目标。

2. 目标向度:衡量心理辅导能力建设成效的基本标准

1)帮助有效解决学生心理问题的现实需求

在高校中,大学生普遍存在的心理问题有:实际大学生活与理想生活的落差、不习惯集体宿舍生活、学业困惑、就业前的恐慌迷茫等。另外,一些常见的诸如焦虑症、强迫症等神经症的比例也在逐渐递增。诸多的心理问题已严重影响大学生的健康成长,成为影响人才培养质量的重要因素。强大的师资力量在大学生需要的时候能够给予心理辅导,及时对大学生的各种矛盾心理和冲突进行调适,帮助大学生正确处理好环境适应、自我约束、人格发展、健康情绪及求职择业等方面的心理困惑,增强心理调适能力。

2)引导实现个体主体性的发展需求

大学生作为承载家庭、学校和社会期望的一个特殊群体,不可避免地面临着学习、人际、情感和生活等方面的心理负担。具有丰富辅导经验的师资必须坚持以大学生自主发展为本和助人自助的原则,在大学生需要帮助的时候及时给予辅导与支持。通过心理辅导,帮助大学生充分认识到自我的主体地位,注重大学生人格的发展塑造和生理心理的双层面结合,充实欠缺特质,学会自我调适,消除心理障碍,努力克服不良因素,引导具有自信、宽容、诚实、勇敢、拼搏等社会层面个体人格特质的生成。

3)助力服务于高校学生成人成才的育人需求

大学生是祖国的未来、民族的希望,他们的健康成长与否与社会主义现代化建设的成败息息相关。从高校育人目标和长远发展的角度看,必须把高校心理辅导工作建设好和发展好,尤其是要把心理辅导队伍的能力建设好,这样才能及时且恰当地处理大学生遇到的心理障碍,才能更好地帮助大学生解决发展性心理问题,使大学生具备良好的心理素质,帮助大学生维持良好的学习心态,引导他们注重提升新素质和新能力,为大学生的健康成长和顺利成才服务,使他们真正成为身心健康、德才兼备、全面发展的新一代社会主义合格建设者和接班人。

4)切实推进高校和谐校园目标的建设需求

高校既是培养和输送合格的社会主义事业建设者和接班人的重要基地,又是社会主义精神文明建设的重要阵地。和谐校园建设的根本是以人为本,实现人与校的和谐统一。在深入学习贯彻中央的16号文件精神中,高校心理健康教育在各项工作中占据着举足轻重的地位。作为开展心理健康教育工作的主体,心理健康工作成效的高低与从事心理健康工作队伍息息相关,与从事工作队伍的能力直接相关。一支高水平的队伍可以有效提升高校心理健康教育工作水平,可以有效提升高校的教书育人效果,可以有效推进创建和谐平安的校园环境发展目标。

3. 自我向度:推动心理辅导能力建设长效的内在动力

1)坚实的理论功底和合理的知识结构是做好心理辅导工作的基本前提

心理辅导工作要求从业者首先具备扎实的理论功底和全面合理的知识结构。而面对现今高校心理健康教育工作队伍以兼职为主的现状不容乐观,因此心理辅导队伍建设需自觉增强自身的专业理论修养。不仅有广博的自然科学、史学、哲学、文学等深厚的文化底蕴，还要有辩证唯物主义、历史唯物主义的认识论和历史、逻辑与现实相统一的发展观。要与时俱进，不断学习心理辅导理论新知识，研究掌握大学生心理的新特点，使自身不断发展，以此来适应大学生心理与社会发展的需要。

2）良好的教学科研能力和娴熟的辅导技巧是做好心理辅导工作的核心要素

高校心理健康教育的目的在于提高全体学生的心理素质，着力帮助全体学生了解心理健康的基本知识，优化个性心理品质，增强心理调适能力和适应社会生活的能力，实现的主要途径有通过课堂教学、个体咨询、团体辅导与课外指导等。

这就要求心理辅导教师一方面必须具备自如驾驭教学内容的能力、灵活有效的感染能力及务实严谨的科学研究能力；另一方面还要有娴熟的辅导技巧，在面对学生时，耐心倾听并能快速有效地获取相关信息，分析心理需求的主要类型，给予及时有效的判断与辅导等。

3）完备的职业素养和健康的人格品质是做好心理辅导工作的重要保障

从事心理健康教育的专兼职教师具有双重身份，既是高校教师，又是心理辅导教师。特殊的工作性质决定了他们除了需要具备高校教师的一般职业特征外，还要在职业素养和心理状况方面具备一定的品格：要真正热爱心理健康教育事业，有甘于奉献之心；尊重每一位来访学生，恪守秘密；最大限度地维护他们的权力和利益，致力于来访学生的自我成长；注意避免以道德评判者、价值观引导者及行为示范者的身份去模塑他人。另外，要做好心理辅导工作，自身必须拥有健康的心理与人格，只有具备自信开朗、敏感体会、达观合作的人格特质，以及亲切友善、宽容尊重、真诚善良的个性品质，才能够在工作中启发、引导和培养学生形成良好的心理素质。

（三）加强师资团队建设，促进高校心理健康教育课程的改革与发展

1. 完善机构设置，为师资团队建设提供切实保障

目前，仍有部分高校的大学生心理健康教育课程挂靠在学工处，由学工处分管领导主管。心理咨询中心具体负责排课、课程考核、提供专业培训等工作任务。但是，由于学生处的主管领导不一定具有心理学背景，而心理咨询中心的负责人往往只是扮演教务员的角色，因此，整个教师团队缺乏一个真正意义上的带头人，来系

统规划课程的改革、发展及教师队伍的专业提升等长远问题。而作为一门新兴的公共必修课,大学生心理健康教育课程具有涉及学生多、教师专业背景复杂等特殊的问题。如果不探索和解决相关的具体问题,很难使这门课程真正实现普及心理健康知识和提升学生心理健康素质的目的。因此,完善教师队伍的机构设置非常重要。在这方面,笔者认为,有条件的学校可以通过设立心理健康教育课程教研室,邀请具有心理学高级职称的教师来担任课程负责人的形式来开展相应的工作;没有条件的学校可以聘请校外具有相关经验的教师来兼职担任课程的负责人。

2. 以建设精品课程为目标,实现课程的标准化建设

根据教育部印发的《普通高等学校学生心理健康教育课程教学基本要求》,大学生心理健康教育课程的主要教学内容包括3个模块12个专题。但是,各个高校由于学生特点的不同或学时的限制等问题在讲授专题上会有所取舍和偏重。因此,各类教材在设计思路、填充案例及活动设计等方面都会存在较大差异。在选用其他人编写的教材时,授课教师首先需要梳理教材编写者的逻辑思路,然后根据自身学校学生的特点提取需要的专题、知识点及扩展和填充相应的素材。在整个备课过程中,其实是对教材的消化和再生成过程。这个过程会因为授课教师的专业背景、实践经验等原因产生巨大差异。虽然,每个教师对教材的不同解读无可厚非,但是因为大学生心理健康教育课程的教师队伍专业背景的差异性导致部分非心理专业的教师无法很好地提炼教材内容,使课程的教学质量参差不齐。

因此,为了提升教学质量,在同一高校内部推进大学生心理健康教育课程的标准化建设刻不容缓。标准化建设可以通过教材编写、课件制作、教案设计及课程视频录制等步骤来逐步实现。对一般的高校而言,经过几年的课程探索,基本上与本校学情相契合、实操性强的教材之后,还需要通过集体备课的形式将详细的教材内容转化为简约的PPT。从教材到PPT,又是更深层次地对课程内容的解构和建构过程,这一过程对课堂教学至关重要。为了让后续新增的教师能更好地掌握教材和PPT的内容,每个课程专题都需配备一个教学指南即具体的教案。有条件的学校还可以邀请上课效果好的教师录制每个专题的课程视频,以供其他教师学习和参考。通过教材的编写、PPT的制作、教案的设计及视频的录制等程序基本上能实现教学资源的共享和课程的标准化,从而保证总体课堂教学的质量。

当然,教学是个人的艺术。教学工作的标准化并不是完全摒弃个人的特色。但是,由于大学生心理健康教育课程的特殊性,可以通过一定的手段让这门新兴课程的讲授在一定的基准线上扩展,帮助推进这门课程的总体教学质量。

3. 提供针对性的教学技能培训，促进教师团队的专业化发展

教师教学水平的提升，既来自教学实践的积累，也来自继续教育提供的给养。但就目前而言，由于大学生心理健康教育课程的师资培训较为匮乏，并且缺乏持续性和深入性，因此，各高校应该根据自身开课的具体情况，开展具有针对性、模块化和持续性的教学技能培训项目。

教学技能培训应当包括学科专业技能培训和教育专业技能培训两个部分。学科专业技能培训包括开展课程内容培训（让教师更加清晰地了解大学生心理健康教育课程开设的各个专题内容、逻辑思路）、心理咨询知识和技能培训，并为担任兼职心理咨询师的任课教师提供定期心理督导，以提升教师的咨询实践水平。教育专业技能培训包括新型教学理念和教学技术的培训。随着教育信息技术的不断发展，课程的呈现形式已经不再局限于面对面的教学。将传统课堂与互联网结合，产生了很多"线上"的教学方式，如慕课、微课和云课堂等。这些新兴的教学技术具有覆盖面广、互动便捷、激发自主学习等特点。很多教师虽然想尝试新的技术，但苦于无人指导。因此，给教师提供相关的教育信息技术的培训，让教师将新的教学方式与大学生心理健康教育的课堂相联结，既能丰富教师的教学手段，也能提升大学生的学习积极性，是不断深化教学改革的一种重要手段。

对一门尚处于摸索阶段的新兴课程，校际或个体间的交流也非常重要。2015年，广东省教育厅组织了首届大学生心理健康教育课程基本功大赛，获得了很好的反响。参赛选手通过备赛过程，对课程的专题设计有了更深的认识、更好的梳理，是一个总结、提高的过程；未参赛的教师通过观摩参赛选手的表现，可以学习他人的优点、反思自己的不足，更加客观地看待自身的教学水平。因此，各高校也可以参考类似模式，开展校级教学竞赛并邀请教学优秀者开展经验的交流。

4. 课堂教学与咨询实践相结合，实现教师团队的"双师型"发展

既然大学生心理健康教育课程是以个体经验为载体的对心理知识的建构过程，那么教与学两方的经验对课程的成功都具有非常重要的意义。大学生借助于自我成长的经验来建构对心理知识的认知，教师借助于自我经验及与大学生互动的经验来实现与大学生的对话，通过双方经验与心理知识的整合与碰撞，最终实现课程普及知识、提升心理健康素质的目的。

与大学生互动的经验，所有的教师都有，但却不一定具有心理的专业性。对辅导员而言，他们每天都与大学生打交道，处理大学生的具体问题，应该属于与大学

生互动经验非常丰富的教师群体。但是他们的这些经验基本上是建立在思想政治教育或行政处理的方式之上,这种经验的显著特点是教师和大学生处于上下级的教导关系,因此并不适合移植于心理课堂。大学生心理健康教育课程更需要从心理咨询的视角建立与大学生平等互动的经验。因此,在丰富专业知识的同时,扩展授课教师的实践咨询经验对课程的成功开展很有裨益。

目前,各个高校基本上都会鼓励大学生心理健康教育课程的教师报考国家心理咨询师,以提升教师的专业化水平,实现团队的“双师型”建设。然而,书面知识的学习只是专业化提升的一小部分,真正要将专业知识转化为可与大学生互动的鲜活经验,还需要教师不断地将心理知识运用于咨询实践。因此,笔者所在高校不仅给大学生心理健康教育课程的教师提供报考国家心理咨询师的各种政策与资金支持,在他们获得资格证之后,还积极鼓励他们参与心理咨询中心的个案咨询并定期给予督导,以提升实战经验,积累课程相关的个案素材,真正实现“双师型”建设。

5. 建立多维度的教学评估体系,促进教学质量的提升

课堂教学质量评估是推进高校课堂教学质量改革的一个重要手段。大学生心理健康教育作为一门新兴课程,尤其需要一个完善的评估体系作为支撑。目前,高校的其他专业课程基本都建立了相对应、完善的评估方式,大学生心理健康教育课程可以在参考其他课程评估体系的基础上,融合自身特色,建立适合本课堂的评估体系。

当前,各高校课堂教学质量评估主要以大学生评估为主,采用大学生对教师工作态度、授课方法、授课内容和课堂效果等方面的评估结果作为考量教师课堂教学质量的重要指标。虽然,大学生是课堂的主体,对课程有着最为直接的感受和体验,但是,仅仅采用大学生评估的方式不足以完全客观地评价一门课程的质量。因此,大学生心理健康教育的课堂还可以纳入教师自评、督导评估、咨询实践评估等模块,形成多维度的评估方式。教师自评是指由教师本人评价自己的课程效果和学生的学习状况,主要用于教师对教学过程的反思与自省。督导评估是指由课程督导小组随机对每个心理课堂进行考核,提出存在的问题和改进的意见,主要用于课堂教学质量的改进。咨询实践评估主要是考量心理教师在进行咨询实践过程中来访者对其工作态度、专业水平和咨询效果等方面的评估。通过多维度评估结果的综合比较分析,学校可以比较客观、准确地掌握教师课堂教学情况,教师本身可以清楚地了解自己在教学过程中存在的优势和差距,采取有针对性的改进措施。

6. 教、研结合,以研促教,推动课程不断发展

教学和研究是紧密联结、相辅相成的过程。在教学实践的过程中,教师一方面积累了丰富的经验,另一方面,也通过自省和评估等方式发现教学过程中存在的各种问题。问题的存在便引发了科研的命题。发现问题,思考问题解决或改进的途径,在教学实践中实施改革的措施,检验改革的效果,总结教学的经验。这一系列的过程,既是教学实践,也是科学研究,二者密不可分,相互促进。

对大学生心理健康教育这门课程来说,一切都处于探索阶段,因此必然会出现很多问题,这些问题值得教师团队去思考、去完善。然而,一些年轻教师虽然具有问题意识,但不一定具备科研的经验。因此,作为一个教学团队邀请具有丰富科研经验的教师带领年轻教师开展相关的教学研究,同时,学校相关部门应该采取相应的措施鼓励教师对这门新兴课程进行探索。通过教学和科研的结合,不仅可以提升课程教学水平,还能够强化教师的个人专业素质,是相得益彰、教研相长的过程。

总之,对于大学生心理健康教育课程的改革和发展,师资队伍的建设是关键。可以通过完善机构设置,为师资团队建设提供切实、有力的保障;让师资团队共同参与课程模块的设计,实现课程的标准化建设;给教师提供更多专业实践和培训的机会;建立完善的课程评估体系等方式来提升教师队伍的专业能力,从而促进大学生心理健康教育课程的长远发展。

参考文献

[1] 陈建文，贺青霞. “键对键”与“面对面”的联动：大学生心理健康教育新模式[J]. 大学教育科学，2018(03)：33-37.

[2] 王建中，宫辉. 大学生心理健康教育研究[M]. 西安：西安交通大学出版社，2016.

[3] 陈新星. 辅导员开展大学生心理健康教育的伦理困境及应对[J]. 思想理论教育导刊，2016(02)：148-150.

[4] 陈选华. 大学生心理健康教育[M]. 合肥：中国科学技术大学出版社，2018.

[5] 丁闽江. “互联网＋”背景下的大学生心理健康教育工作路径探析[J]. 锦州医科大学学报(社会科学版)，2019，17(01)：57-61.

[6] 段善君. 发挥价值导向功能 优化大学生心理健康教育[J]. 思想教育研究，2016(04)：102-105.

[7] 方鸿志，潘思雨. 改革开放40年来我国大学生心理健康教育的发展及趋势[J]. 当代教育科学，2019(08)：91-96.

[8] 江光荣. 大学生心理健康[M]. 武汉：华中师范大学出版社，2018.

[9] 冯宪萍. 大学生心理健康教育[M]. 济南：山东人民出版社，2019.

[10] 高宁悦. 大学生心理健康教育[M]. 长春：东北师范大学出版社，2019.

[11] 龚素瓅，张祖品，岑俊静，等. 线上线下有机结合的“大学生心理健康教育”课程教学改革[J]. 浙江理工大学学报(社会科学版)，2019，42(04)：430-435.

[12] 郝颖. 新时代大学生心理健康教育创新的现实难题与对策[J]. 教育与职业，2020(09)：107-111.

[13] 黄勇明. 大学生心理健康指导[M]. 杭州：浙江大学出版社，2019.

[14] 蒋涛. 大学生心理健康教育的途径和方法探析[J]. 思想理论教育导刊，2012(05)：85-87.

[15] 瞿珍. 大学生心理健康[M]. 上海：华东理工大学出版社，2018.

[16] 李广平，葛剑，喻玉兰. 大学生心理健康教育[M]. 南昌：江西科学技术出版

社,2018.

[17] 李国毅.大学生心理健康教育[M].北京:国家行政学院出版社,2019.

[18] 李浩,张建取,杨滟茹."00后"大学生心理健康教育现状及路径探析[J].河北能源职业技术学院学报,2021,21(01):33-36,44.

[19] 李龙,李晨光,陈恒英.大学生心理健康教育[M].重庆:重庆大学出版社,2018.

[20] 李巧巧.大学生心理健康教育与生命教育融合的实现途径研究[J].高教探索,2015(02):121-124.

[21] 李庆林,魏玉鹏.大学生心理健康教育的探讨与对策[J].甘肃高师学报,2020,25(02):106-108.

[22] 李书.大学生心理健康教育[M].武汉:华中科技大学出版社,2018.

[23] 李新红,吴菁莉.大学生心理健康教育[M].上海:同济大学出版社,2018.

[24] 李志凯.大学生心理健康[M].成都:电子科技大学出版社,2017.

[25] 梁丽娟,杨清荧.大学生心理健康[M].延吉:延边大学出版社,2017.

[26] 刘赪秀.原生家庭视角下的大学生心理健康教育探究[J].科教导刊(中旬刊),2018(17):166-167.

[27] 刘建锋,石静.大学生心理健康教育[M].上海:上海交通大学出版社,2020.

[28] 刘衍玲,潘彦谷,唐凌.基于心理素质培养的大学生心理健康教育课程体系建构[J].西南大学学报(社会科学版),2014,40(03):93-97.

[29] 路晓英,孙锋,许明超.大学生心理健康教育[M].天津:天津科学技术出版社,2019.

[30] 罗晓路.大学生心理健康教育的现状与对策[J].教育研究,2018,39(01):112-118.

[31] 罗旋,王倩婷,杜爽.大学生心理健康教育[M].长春:吉林科学技术出版社,2019.

[32] 马红霞,刘晓玲,高月春,等."三位一体"的大学生心理健康教育教学模式的改革与实践——以压力管理与挫折应对为例[J].华北理工大学学报(社会科学版),2018,18(01):86-89,104.

[33] 马建青.大学生心理健康教育课程30年建设历程与思考[J].思想理论教育,2016(11):87-91.

[34] 杨惠.基于MOOCs的独立院校心理健康教育课程教学模式研究[J].内江科

技,2019 (11):150-151.

[35] 田川,周曙.大学生心理健康教育[M].长春:吉林大学出版社,2018.

[36] 万志全,杨秀英,吕倜然.大学生心理健康[M].沈阳:东北财经大学出版社,2016.

[37] 王春生,杨苏平.大学生心理健康导论[M].厦门:厦门大学出版社,2018.

[38] 王春艳,齐海群,张建交,等.高校大学生心理健康教育、职业规划与就业指导的实践与成效[J].黑龙江工程学院学报,2019,33(03):70-72,76.

[39] 王天哲.大学生心理健康教育[M].西安:西北大学出版社,2019.

[40] 李蔚.心理健康的定义和特点[J].教育研究,2003(10):69-75.

[41] 王玉杰.大学生心理健康[M].北京:北京工业大学出版社,2018.

[42] 王珠.我国大学生心理健康教育演变与展望[J].黑龙江高教研究,2020(12):135-139.

[43] 吴红.大学生心理健康理论与实践研究——兼评《大学生心理健康教育——体验·认知·训练》[J].中国高教研究,2018(01):3-4.

[44] 席金京,陈文雯.大学生心理健康教育[M].上海:上海交通大学出版社,2018.

[45] 谢敏芳."大学生心理健康教育"课程思政的探索与实践[J].绍兴文理学院学报(教育版),2019,39(01):11-15.

[46] 熊玫.大学生心理健康教育与思想政治教育的协同路径分析[J].黑龙江教师发展学院学报,2020,39(03):102-104.

[47] 徐国成.大数据背景下大学生心理健康教育的创新路径[J].北华大学学报(社会科学版),2018,19(06):140-144.

[48] 徐辉,杨眉.探求大学生心理健康教育的新方向[J].中国高教研究,2013(10):90-93.

[49] 薛春艳.大学生心理健康教育课程体验式实践教学探赜[J].学校党建与思想教育,2020(09):72-73,79.

[50] 严敏,熊星.大学生心理健康教育[M].青岛:中国海洋大学出版社,2019.

[51] 姚秋艳.新时期大学生心理健康教育服务体系的构建与实际应用[J].中国健康教育,2019,35(07):669-671.

[52] 俞国良,董妍.大学生心理健康教育工作的展望:调研证据[J].中国人民大学教育学刊,2018(02):78-88.

[53] 张冬梅,谷丹.大学生心理健康教育[M].北京:北京邮电大学出版社,2018.

[54] 张莉，甘标. 大学生心理健康教育教师队伍专业化建设状况调查研究[J]. 中国职业技术教育，2018(02)：14-17，28.

[55] 张英莉. 大学生心理健康教育[M]. 北京：北京理工大学出版社，2019.

[56] 张玉芝，周兰芳. 大学生心理健康[M]. 北京：北京理工大学出版社，2017.

[57] 章雪，昌晓莉. 积极心理学视域下贫困大学生心理健康教育：反思及改进[J]. 江苏高教，2019(05)：119-124.

[58] 郑航月，夏小林. 大学生心理健康教育[M]. 重庆：重庆大学出版社，2018.

[59] Yanghui. Thinking teacher education colleges and universities under the perspective of positive psychology, advances in social science, education and humanities research[J]. Atlantis Press，2019(04)：502-505.

[60] 孟雅雯. 李昭华. 大学生心理健康教育[M]. 苏州：苏州大学出版社，2020.

[61] 杨惠. 后疫情时代积极心理学在高校育人工作的应用探索[J]. 内江科技，2021(2)：46-47.

[62] 董冬林，范若琳，刘晓燕. 积极心理学研究的回顾与动向[J]. 长沙铁道学院学报(社会科学版)，9(4)：132-134.

[63] Anne Congard，Bruno Dauvier，Pascal Antoine，et al. Integrating personality, daily life events and emotion: Role of anxiety and positive affect in emotion regulation dynamics[J]. Journal of Research in Personality，Volume 45, 2011(08)：372-384.